JN174210

背景CG
テクニックガイド ［新装版］

はじめに

　本書は"風景の描き方"ではなく"背景の描き方"の本です。

　「風景画」は風景のみで成立しています。

　「背景画」はキャラクターがいる場面を描いたものです。

　もちろん、背景のみの場面説明シーンもありますが、基本的にはキャラクターととともに画面に映ります。

　作品によってその程度に差はありますが、キャラクターは実在の人物よりもデフォルメされています。

　アニメ塗りされているキャラクターの背景が実写だと、違和感があります。

　キャラクターが絵で描かれてデフォルメされているのだから、その背景もそれに合ったデフォルメをすることで、同じ世界観が表現できるのだと思います。

　このように、「アニメやゲームなどのキャラクターに合う絵柄」ということを前提とした「背景画」の描き方を、本書では解説していきます。

＊

　それまで絵を描いてこなかった人がイラストなど描くようになるとき、最初はキャラクターの絵を描くことに興味をもつことが多いのではないでしょうか。

　その後、キャラクターの後ろが真っ白なのが気になり、本書を手にとった、そういった方もいるのではないかと思います。

　キャラクターを描くことに全力投球して、その後に背景を描くころには体力的にも時間的にもなくなっているかもしれません。

　しかし、もし背景にもそれなりのクオリティを求めるのであれば、背景を描くことにキャラクターを描くためにかけた時間と同じくらいの時間をかける必要があります。

　同じ時間というよりも同じ熱意をもって背景を描くといったほうが正確な表現かもしれません。

　背景に熱意を持って描けるためにはやはり、背景を描くことが好きになることです。

　背景に限らず、何かを描くことが好きになるには上手く描けた経験が必要だと思います。

　上手く描けた経験といっても、いきなりプロレベルの上手さという意味ではなく、自分自身が思っていたよりも、ほんの少しだけでいいのです。

　前に自分が描いた絵より少しだけ良くなっていれば、それで充分です。

　しかし、1枚しか描かないうちに、背景は自分には無理だなと諦めて二度と描かなければ、その1枚目より良く描けるようになった経験をすることができません。

　背景を続けて描くことで、必ず「以前より良く描けた」というと思えるときがきます。

　そして、本書がその一助になれば、とても嬉しく思います。

出雲寺ぜんすけ

> ※本書は、2011年発行の「背景CGテクニックガイド」の判型を大きくし、見やすくしたものです。

背景CG テクニックガイド[新装版]

CONTENTS

第1章　　　　　　　　背景を描き始める前に

第2章　　　　　　　　遠近法

第3章　　　　室内の描き方

第4章　　汎用性の高い自然物背景

サンプルのダウンロードについて

本書のサンプルデータは、サポートページからダウンロードできます。

http://www.kohgakusha.co.jp/support.html

ダウンロードした ZIP ファイルを、下記のパスワードを大文字小文字に注意して、すべて半角で入力して解凍してください。

Hb93GQrTLa

※パスワード付き ZIP ファイルがうまく解凍できない場合は、別の解凍ソフトなどをお試しください。

■ 作例画像

このフォルダのデータは、本書の作例画像です。

※このフォルダ内の画像は、本書の参考のためであり、素材としての利用は不可となります。

■ 素材データ

・テクスチャ

PSD 形式の「紙」「床板」「木目」などのテクスチャのほか、「人物ものさし」のファイルが収録されています。

・ブラシ・ファイル

「Photoshop」「Photoshop Elements」用のブラシ・ファイルが収録されています。
導入方法は、同フォルダ内にある PDF および動画ファイルを参考にしてください。

※対応バージョンは、「Photoshop 7」「Photoshop Elements2.0」以降です。

・画面テンプレ

「4：3」「16：9」サイズの画面用の PSD 形式のテンプレート・ファイルを収録しています。

※これら素材データ自体を、第三者へ貸与・譲渡・配布することはできません。
※フリー、シェア問わずに、ゲームやイラストなどの作画に使うことはできます。
素材を加工して使うことも可能です。

【免責事項】

素材を利用する、もしくは利用できないことにより発生した損害、ならびに二次的に発生した一切の損害について製作者側にて保証を行なうことはできません。

【著作権】

素材に関する著作権その他のすべての権利は出雲寺ぜんすけに帰属しますが、上記使用許諾にそった使用であれば、その創作物（ゲームやイラストなど）に著作権表示の必要はありません。

第**1**章
背景を描き始める前に

この本では「Adobe Photoshop」を使った背景画
の描き方を解説します。
この章でその道具や環境の解説をしていきます。

1-1　道具について

■ Photoshop

「Photoshop」は2D-CGデザイナーなど、ゲームやアニメ関連の仕事をしている現場で広く使われているソフトです。そのため、そういった仕事に携わる際に、Photoshopが使えることが必須である場合も多いです。

本書は「Adobe Photoshop」で解説していますが、Photoshopの解説本ではなく背景の描き方の本なので、次章以降は、他のソフトにも活用できる内容になっています。

通常のPhotoshopが高価で手が出ない場合には、「Adobe Photoshop Elements」という、機能を限定して低価格化した商品もあります。

■ ペンタブレット

パソコンで背景画を描くにあたって、ペンタブレット（以下、「ペンタブ」）は必須です。
マウスで描くことが不可能とは言いませんが、効率が悪いので、ペンタブを使ったほうがいいでしょう。

WACOMのペンタブには通常の「Intuos」（インテュオス）と高性能高価格の「Intuos Pro」がありますが、圧倒的な差ではないので、趣味で描くのであれば「Intuos」でかまわないと思います。

また、大きさも、「Sサイズ」と「Mサイズ」があったりしますが、個人差はあるかもしれませんが、私が使った印象では、さほど差は感じませんでした。
パソコン机が狭くて「Mサイズ」のペンタブを常に置いておけない環境なら「Sサイズ」でもかまわないのではないかと思います。

絵を描こうと思った瞬間にすぐに取り掛かれる環境は重要です。「ペンタブを取り出す」という、たいした手間ではないことであっても、絵を描き始めるまでに1アクション増えるだけで、絵を描くことに対する手間が増えると絵を描く機会自体が減ってしまう可能性があるからです。
ここまで、低価格のものを推奨してきましたが、金銭的に余裕がある、もしくはペンタブレットが仕事道具であるという場合は、もちろん「Intuos Pro」や液晶タブレット「Cintiq」を選ぶといいと思います。

サイズに関してもデュアル・モニタなど使ったりする場合はペンタブも大きいサイズのほうがいいかもしれません。

ちなみにツールのウィンドウが邪魔だったり、資料をたくさん開きながら作業したい場合はデュアル・モニタにすると便利です。

＊

「Intuos」のペンが故障したときなどに最初に買ったペンタブであるFAVO（低スペック・モデル）を代用したりしましたがあまり違和感なく背景を描くことはできました。

ですので、金銭面がネックでペンタブ導入を躊躇してマウスで描くぐらいならば、いちばん安いものでかまわないので、ペンタブを購入しましょう。

＊

「Adobe Photoshop Elements」などの廉価版ソフトが付属する商品もあるので、それは「Adobe Photoshop Elements」単体で購入するよりもお買い得だったりするので、もし「Adobe Photoshop Elements」の購入を検討しているのであれば、そういったセット商品を確認してみるといいと思います。

「Adobe Photoshop Elements」から通常の「Adobe Photoshop」へのバージョンアップする場合、通常の「Adobe Photoshop」を購入するよりも割引になるので、「Adobe Photoshop」を買う前に「Elements」が付属するペンタブを買えば、少しお買い得になるかもしれません。

1-2 画像解像度と画面サイズ

「画像解像度とか、なんだかよく分からないけど、かといって、解説を読むのも面倒臭い」という方は、p.16の「画像解像度まとめ」というところまで読み飛ばしてかまいません。

■ 画像解像度

本書では「ラフ」や「下描き」の段階からすべてPhotoshopで行なうのでスキャンなどに関しては割愛させていただきます。

新規ファイルを作るときデフォルトでの解像度は「72 pixel/inch」となっています。

デフォルトの解像度は「72pixel/inch」

とりあえず、このまま開いてしまっても、塗り始める前なら何の問題もなく変更可能なので、OKをクリックしてファイルを作ります。

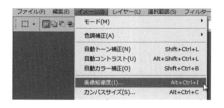

もちろん、分かっていれば、この時点で解像度の変更をしてもかまいません。

「イメージ→画像解像度」を選択して、「画像解像度」のウィンドウを表示します。

「イメージ」→「画面解像度」を選択

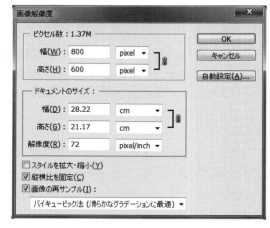

横に書かれている**「Alt+Ctrl+I」**というのはショートカット・キーなので、そのキーを押しても、同様に「画像解像度」のウィンドウが表示されます。

＊

それでは、この「画像解像度」のウィンドウを見ながら、解像度について解説していきます。

「画面解像度」画面

「解像度(R)」と書かれたところの数字の横に、「pixel/inch」と書かれています。

一般的に解像度は「pixel/inch」で指定されるので、本書で表記がなく「解像度」と書かれた場合の単位は「ppi」(pixel/inch ＝ pixel per inch の略)になります。

この「pixel/inch」という単位は、そのまま「pixel」を「inch」で割った数値という意味です。「inch」(インチ)というのは長さの単位です「1インチ」は「2.54cm」です。

「cm」のほうが「inch」よりも大きさを把握しやすいですが、ここでは解像度の解説のために単位をいったん「inch」に変更します。

ドキュメントのサイズの単位を「cm」から「inch」に変えると自動的に幅「28.22」と書かれていた数値が幅「11.111」になります。

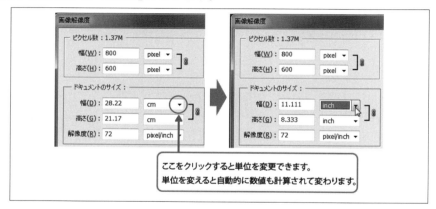

ここをクリックすると単位を変更できます。
単位を変えると自動的に数値も計算されて変わります。

■ ピクセル数÷ドキュメント・サイズ＝解像度

解像度の単位は「pixel/inch」なので、単位が揃ったところで実際に計算してみましょう。

ピクセル数の幅「800 pixel」をドキュメント・サイズの幅「11.11 inch」で割ると、約72「pixel/inch」になります。

「解像度」というと、よく分からない数値と思ってしまいますが、ただ「ピクセル数」を「ドキュメント・サイズ」というもので割っただけの数値です。

> 800 ÷ 11.111 ＝ 72
> ピクセル数÷ドキュメント・サイズ＝解像度

この式から考えて、解像度の数値を上げるためにできることは、2つあります。

①割られる数であるピクセル数を増やす。
「800」を「8000」にすれば、結果として解像度「720」になります。

②割る数であるドキュメント・サイズを小さくする。
「11.111」を「1」に変えれば、解像度「800」になります。

> ※分かりやすくするために極端な数値にしましたが実際にはこれほどの高解像度は必要なく、印刷物に必要な解像度は「300」から「350」です。

では解像度の指定があり、高解像度にしなくてはならない場合どちらの方法でその指定の解像度に合わせればいいのでしょうか。
これは自分がどのくらいの大きさで印刷する予定なのかということや作業開始前であるかどうかが問題になってきます。

①のピクセル数を増やすというのは塗り終わった後ではボケてしまって意味がないのです。
作業前の段階で印刷する大きさや解像度があらかじめ分かっているならば、その大きさにピクセル数を増やしてから作業を始めるといいでしょう。

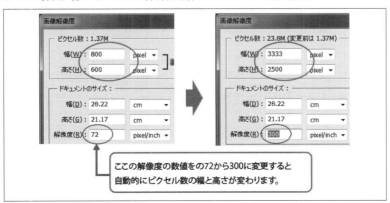

ここの解像度の数値をの72から300に変更すると自動的にピクセル数の幅と高さが変わります。

「28.22ｃm＝11.111inch」なので、解像度を「300」に変えると幅が「3333 pixel」に自動的に増えます。

これで分かるのは、幅「3333pixel」あれば解像度「300ppi」で、幅が「28cm」程度のサイズで印刷できるということです。

ということは、逆に言えば幅「28ｃm」で印刷するには、幅「3333 pixel」必要なので、幅「800pixel」では足りないということになります。

印刷するサイズが「28cm」もいらないという場合は②の方法になります。

②の方法はピクセル数の変更がないので、描き終わった後に変更してもボケずに解像度が高くできますが、印刷できる大きさは小さくなります。

・「ピクセル数」を変えずに、「解像度」だけ変更したい場合

②のドキュメント・サイズを変更して解像度を変える方法をやろうと思っても、通常だと解像度の数値を変えると自動的にピクセル数の数値が変わってしまいます。

「画像の再サンプル」のチェックを外せばピクセル数が固定されて、「解像度」と「ドキュメント・サイズ」だけ変えることができます。

このように、解像度は後から変更をすることも可能ですから「ピクセル数」さえ大きければ、「解像度」という数値自体は「72」で作業していても問題はないのです。

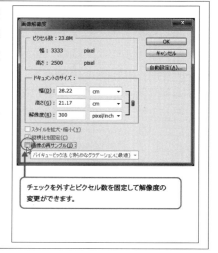

チェックを外すとピクセル数を固定して解像度の変更ができます。

少々難しくなってきたでしょうか？

これは「ピクセル数」と「ドキュメント・サイズ」という「解像度」を出すために必要な数値の意味が分かると理解しやすくなるので、次に「ピクセル数」と「ドキュメント・サイズ」について考えていきましょう。

■「ピクセル数」と「ドキュメント・サイズ」

● ピクセル数

「ピクセル」というのは画像の最小単位のことで、画像という意味の「ピクチャー」と、細胞という意味の「セル」を合わせた言葉です。

イメージ的には、「ドット」とだいたい同じです。

ゲームなどで「ドット絵」と呼ばれたりするので、「ドット」と言ったほうがイメージしやすいのではないかと思います。

小さな円形の点も拡大すると、このように60個ほどのピクセルの集合であることが

分かります。

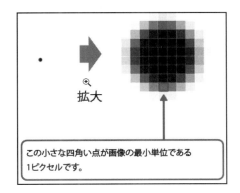

「ピクセル」は画像自体の最小単位、「ドット」はプリンタやスキャナなどデバイスでの最小単位。

デバイスによっては1ドットが数ピクセルあったりするということなので、本当はまるで別の単位ですが、同じと思っていても絵を描くだけなら特に問題はないでしょう。

> **ppi**（pixel/inch ＝ **p**ixel **p**er **i**nch の略）
> **dpi**（dot/inch ＝ **d**ot **p**er **i**nch の略）

この最小単位の点であるピクセルが、どのくらいあるのかというのが「ピクセル数」です。

● ドキュメント・サイズ

「ドキュメント・サイズ」は、データ上ではなく現実の大きさのことだと捉えています。印刷されたときに何センチほどの大きさになるのかということです。

解像度の解説のためドキュメントのサイズの単位を「inch」に変えていましたが、普段「inch」という単位を使っていないと大きさが分かりにくいので、単位の横の矢印からの単位を「cm」に戻します。

単位を変えると数値は自動的に計算されて「11.111inch」から「28.22cm」に変わっています。

単位を変えると数値が自動的に変わる

ピクセル数で幅「800pixel」だと、解像度が「72」で幅が約「28ｃm」の大きさです。

しかし、この幅「28 cm」というのは解像度「72 ppi」だった場合の話で、実際に印刷で求められる解像度「300 ppi」以上の場合で幅「800pixel」だとドキュメントの幅は「6cm」ということになります。

■「解像度」とか言ってないでストレートに「ピクセル数」で指定よろしく！

ここまでで、「ピクセル数」と「ドキュメント・サイズ」の意味が分かったと思います。解像度についてなんとなく分かるようになってきたのではないでしょうか。

まず、データ上での画像の情報の大きさというのは「ピクセル数」のことです。
そのピクセル数の必要な数値を決めるには、

・実際に印刷する紙の大きさ
・出力するときに求められている解像度

という2つが必要になります。

どちらか片方だけでは意味がないというのは、

ピクセル数÷ドキュメント・サイズ＝解像度

というこの式から考えればよく分かると思います。

＊

印刷関係の注意書きで、「低い解像度で描いたものを後から高い解像度に変えても意味がありませんよ」という内容のことが書いてあります。
これは当たり前の話で、割り算の答えの部分である解像度を増やすためには、割られるピクセル数のほうも増やさなくてはなりません。

「ピクセル数」というのは実際の画像情報なので、それを大きくするためには拡大しなくてはなりません。その結果として、ボケた画像になってしまいます。
また、一般的に印刷関係で指定される解像度の単位は「pixel/inch」であって「pixel/cm」を使うことはないのですが、ドキュメントのサイズは「mm」で指定されていたりするので混乱しやすいと思います。
ドキュメント・サイズの指定が「mm」だからといって気を利かせて解像度の単位を「pixel/cm」に変えたりすると「1インチ」は「2.54cm」なので2.54倍の巨大な画像になってしまうのです。

ピクセル数を基準にすれば1つの数値だけで大きさが分かるのですから非常にシンプルで分かりやすいですが、現状では解像度とドキュメント・サイズで指定されていることが多いです。

解像度を指定するのではなく、「幅：○○pixel　高さ：○○pixelを推奨」とピクセル数で指定してくれたほうが、絵描きには親切だと個人的には思います。

とはいえ、ここまで読んでいただき、

ピクセル数÷ドキュメント・サイズ＝解像度

という関係が理解できていれば解像度とサイズで指定されても対応できるのではないでしょうか。

■ 具体的に必要なピクセル数はいくつか？

では、具体的にどの程度の大きさで描けばいいのか解説していきます。

> ※ここで解説、推奨しているサイズはあくまでも私個人が設定している数値です。それぞれ出版社や印刷所によって指定がある場合は、そちらを確認してください。

　たとえば、A4サイズの本などで印刷することを考えた場合、A4は「幅21cm　高さ29.7 cm」です。

　このドキュメント・サイズで解像度「350ppi」の場合、ピクセル数は「幅2894pixel　高さ4093 pixel」となるので、それ以上の大きさで印刷することがなければキャンパス・サイズはその程度あれば充分ということになります。

　ポスターなどのような大きく印刷する場合は、さらに大きな画像サイズで描く必要が出てくるかもしれませんが、一般的にはA4程度のサイズで充分でしょう。

＊

　解像度など実際に印刷する時まで考えたくない場合、とりあえず「幅3000 pixel」ぐらいのサイズで作業してあれば問題ないでしょう。

　「高さ」に関してはイラストなどの場合は幅に合わせて適当なサイズで決めてかまわないと思います。

　ゲームなどの背景画は全画面で表示されることが多いので、「800×600」など「4:3」の比率で描くことが多いです。

　幅を「3000 pixel」とした場合、高さは「2250 pixel」になります。

> このサイズのデータがあります。ワイド画面に対応した「16:9」の「幅3000　高さ1690」のデータもついでに用意しておきました。

　1メートルもあるような大きな印刷物の場合だと1万pixel超えになりそうですが、ポスターなど大きな印刷物の場合、手に取って見ずに離れてみるため「350 ppi」も必要なく「200 ppi」以下でも大丈夫だったりするようです。

　解像度「150 ppi」なら、1メートルもあるようなものでも「6000 pixel」で大丈夫になります。

　パソコンのスペックにもよると思いますが、幅「6000 pixel」ぐらいある大きな画像だと、絵の密度が上がったりレイヤーが増えてくると処理に時間がかかるようになってきます。

　保存や画像の統合などの作業に、数分かかることもあるかと思います。

■ 画像解像度　まとめ

　解像度などよく分からない場合は、「解像度」という数値は気にしなくていいのでピクセル数の「幅」と「高さ」だけ見ておきましょう。
　ピクセル数さえ大きければ後からどうにでもなります。

　私はだいたい、幅「3000pixel」程度で作業しています。
　サポートページに私が使っているテンプレがあります。

 素材データ→画面テンプレ

1-3　　ブラシ設定

■ ブラシの硬さ

　「ブラシの硬さ」という設定内容があります。

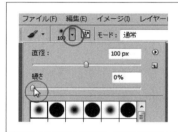 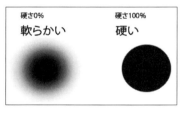

「ブラシの硬さ」の設定

　ブラシを硬くすると、カッチリとした線になり、軟らかくするとモヤッとボケた線になります。

　ブラシを軟らかくして、ボケ具合が大きくすることを、「ボケ足が大きい」とか「ボケ足が長い」などと表現したりすることがあります。

　[Enter]キーの隣のキーはブラシの大きさの変更のキーボード・ショートカットですが、[Shift]キーを押しながらこのキーを押すことで、ブラシの硬さを変更するショートカットになります。

[Shift]キーを押すと、ブラシの硬さを変更するショートカットになる

■ ブラシの不透明度

　最初の状態だと「不透明度」が「100％」なので、重ね塗りができませんが、ブラシの「不透明度」を変更することで、重ね塗りすることができます。

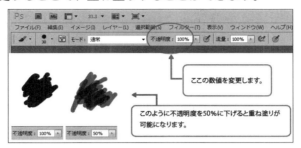

　これは筆で描いた背景美術のように描くためには必ず調整するところです。
しかし、いつでも不透明度を下げればいいわけではなく、選択した色をしっかりと塗りたいときには不透明度を上げます。
　描いている最中に何度も調整することになると思います。

　後述するプリセットによく使う不透明度のブラシを登録しておけば、ブラシの設定を簡単に切り替えられます。

■ 「ブラシ」ウィンドウ

　「ウィンドウ→ブラシ」から「ブラシ」ウィンドウを表示します。

　新しいバージョンのPhotoshopであれば右図のアイコンをクリックすることで、「ブラシ」ウィンドウを表示することもできます。

「ブラシ」ウィンドウを表示する

　この「ブラシ」ウィンドウでさまざまなブラシの設定ができます。
　特に必須なのが「シェイプ」です。
　他の項目はともかく、ここだけは必ず必要になると思います。

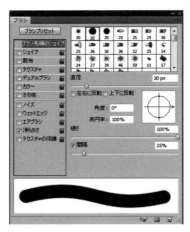

「ブラシ」ウィンドウ

「シェイプ」を選択し、さらに「コントロール」を「筆圧」にします。

　すると、線の描き始めと描き終わりの筆圧が弱くなったときに細い線になるように設定されます。

　これによって線の「入り」と「抜き」ができるようになります。

　しかし、「シェイプ」に関しても常にチェックつけているわけではなく、場合によっては外すこともあります。

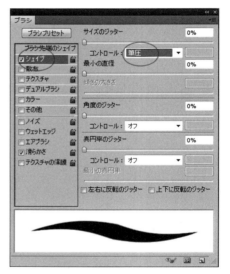

　たとえば、クリックした後にShiftキーを押しながら別の箇所をクリックすると直線がひけるのですが、これが「シェイプ」の「コントロール」が「筆圧」になっていると、途中で線が細くなり途切れてしまうので、チェックを外したりすることがあります。

「シェイプ」を選び、「コントロール」を「筆圧」にする

■「ツール・プリセット」ウィンドウ

　ブラシの「不透明度」や「シェイプ」の設定は、用途によって、そのつど変更する必要があります。

　しかし、何度も変更するのは手間なので、よく使う設定をツール・プリセットに登録することで、1クリックするだけで設定を切り替えることができます。

ウィンドウ→ツール・プリセット

[1]「ツール・プリセット」は、ブラシ以外でもいろいろなツールで使えるのですが、今回はブラシ・ツールで解説するので、現在のツールのみにチェックを入れます。

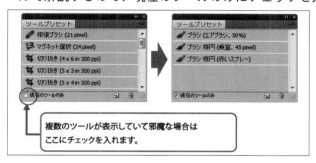

[2] まずは保存したい設定に変更します。

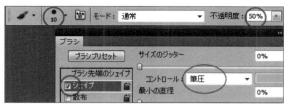

○を付けた項目の設定を変更する

ブラシの直径	10px
不透明度	50%
シェイプ	チェック
コントロール	筆圧

仮にこのように設定したとします。

[3]「ツール・プリセット」ウィンドウの「新規作成」ボタンを押すと、新しく今の設定のブラシ・プリセットが作られます。

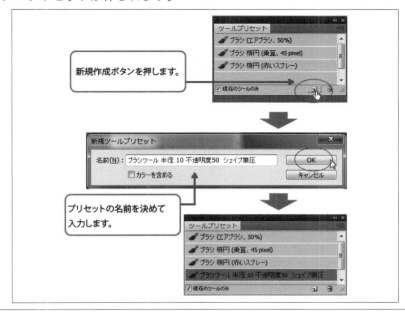

　　設定を変更しても、この新しく出来たプリセットをクリックすれば、またその設定に変更できます。

　　同じようにして、自分の気に入ったブラシの設定を登録しておくと、すぐに切り替えられるので便利です。

＊

　　必要なくなったプリセットは削除ボタンで削除できます。

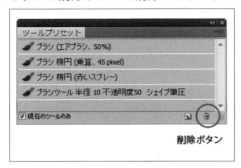

削除ボタン

　　大量にプリセットを削除したいときは、[Alt]キーを押してハサミマークにしてから消したいプリセットをクリックすると確認ウィンドウを出さずにサクサク消すことができます。

1-4 パス・ツールについて

■「ベジェ曲線」の基本的な動作

「パス」というベジェ曲線を使った描画するのもので、Photoshopの場合、「ペン・ツール」がそれにあたります。

このペン・ツールは線の描画に使えるだけでなく、パスによる範囲選択などにも使えます。

また、ペン・ツール本来の使用方法ではありませんが、ペン・ツールのパスを利用してパース（線遠近法）の補助線として利用することもできます。

ペン・ツールを選択して画面上をクリックすると、「**アンカー・ポイント**」という点が出来ます。

最初のアンカー・ポイントからマウスを移動させて再びクリックすると、もう1つアンカー・ポイントができ、その2つのアンカー・ポイントは線でつながります。

この線を、「**セグメント**」といいます。

クリックしたあと放すと直線になりますが、放さずにドラッグすると「方向線」と「方向点」が出来ます。

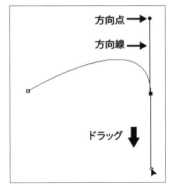

「方向線」と「方向点」でベジェ曲線を作る

「方向点」で [Alt] キーを押すとマウス・ポインタがペンの形から変化します。

アイコンの形が変化する

このポインタの状態で、「方向点」をドラッグするとセグメントの曲線の形を変更できます。

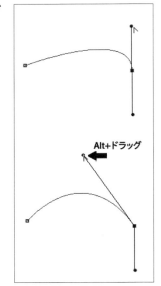

「方向線」や「方向点」が隠れてしまっているときは、アンカー・ポイントを**[Ctrl]押しながらクリック**すると、現われます。

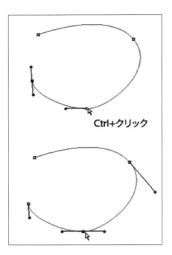

[Ctrl] ＋クリックで隠れたアンカー・ポイントを表示する

■ パスで線を描画する

「パス」ウィンドウの「ブラシでパスの境界を描く」ボタンを押すことで線を描画することができます。

パスの描画は現在選択中のツールで描かれます。パスを作るときにはペン・ツールを使っていますが、そのままペン・ツールで描くと粗い線になってしまいます。ブラシ・ツールに切り替えてから線の描画をしましょう。

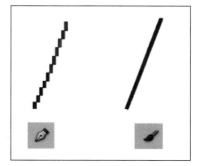

ブラシ・ツールに切り替えて描画するときれいな線になる

■ パスで範囲選択する

「パス」ウィンドウの「パスを選択範囲として読み込む」ボタンを押すことでパスで囲った範囲を選択範囲とすることができます。

パスを選択した状態で「Ctrl+Enter」でも同じようにパスの範囲選択ができます。

「パス」ウィンドウを開いていないときなど、このキーボード・ショートカットのほうが効率的なので覚えておきましょう。

範囲選択は、「なげなわツール」や「長方形選択ツール」など他のツールでも可能ですが、パスの扱いに慣れていればパスは範囲選択のツールとしてもかなり有用です。

■ パスをパース（線遠近法）の補助線として利用する

パスの本来の使い方ではないのですが、パスの直線セグメントを透視図法の補助線として使う方法があります。

透視図法については**第2章**の「線遠近法」を参照してください。

まずはガイドでアイレベルを作ります。

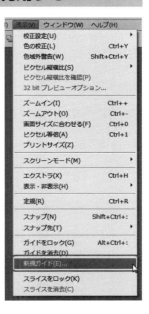

表示→新規ガイド

「新規ガイド(E)」からガイドを作る以外に、「定規(R)」を表示させて、ウィンドウ端の定規部分をドラッグすることでもガイドを作れます。

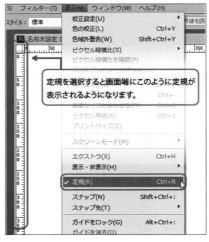

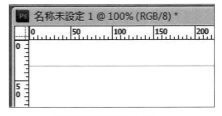

表示→定規　　　　　　　　　　中央の横線が「ガイド」

そうして出来たこの水色の線が、「ガイド」です。

「ガイド」という名前のとおり、本来はサイズや位置のガイドとして使うものなのですが、絵描きにとってはアイレベルとして使えます。

そして、注目してもらいたいのは「新規ガイド(E)」の2つ上の「ガイドをロック(G)」です。

これをチェックすると、ガイドが移動しなくなります。

位置を決めて固定したくなったら、チェックしましょう。

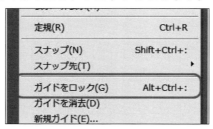

「ガイドをロック」をチェックする

これをチェックしていないと、パスのアンカー・ポイントの位置を変えようとして間違って水平線のガイドを動かしてしまうというミスが起こります。

ちなみに実線でなくガイドを水平線に使う利点は、画面外にも水平線が引けるということがあります。

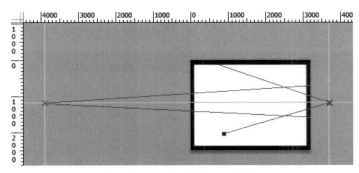

パースとしてパスを使っている画面

実際にパースとしてパスを使っている画面です。
横向きのガイドがアイレベルになります。

「消失点」の位置に縦方向のガイドがあるのは、操作ミスで「消失点」の位置のアンカー・ポイントがズレたときに修正するために「消失点」の位置を記録するためです。
　というのも、🔍白い矢印の「パス選択ツール」で片方のアンカー・ポイントの位置を移動させて、パースの補助線として使うのですが、▶黒い矢印の「パスコンポーネント選択ツール」に切り替わってしまっていると、パス全体が選択されて「消失点側のアンカー・ポイントも同時に移動させてしまっていることがあります。

● パースの線を増やしたい場合

　パースの線は何本もたくさん表示したいことが多いと思います。
　しかし、新規でパスを引くと下図のように「消失点」に合わせる手間があるのと微妙なズレが発生してしまいます。

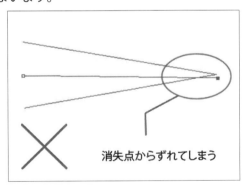

消失点からずれてしまう

　このようにズレが発生させないようにするには、以下のように行ないます。
　まず、🔍白い矢印の「パス選択ツール」でアンカー・ポイントを選択します。

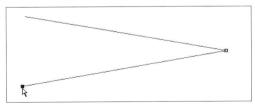

[Alt]キーと[↑]キーでアンカー・ポイントを増やす

　　アンカー・ポイントを選択後、[Alt]キーを押しながらキーボードの「↑キー」を一回
押すとポイントが増えます。2回押すと2つ増えます。

　　[Alt]を押しながら「↑キー」を押しっぱなしにすると、大量生産してしまうので、増
やしたい数だけ「↑キー」を押します。

　　[Alt]を放して「↑キー」だけを押すとそのまま上に移動できます。
あとは普通に「パス選択ツール」で選択して移動させたりすることもできます。

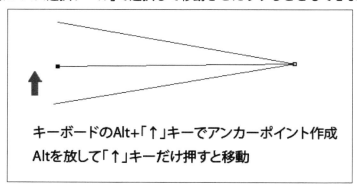

キーボードのAlt+「↑」キーでアンカーポイント作成
Altを放して「↑」キーだけ押すと移動

　　このようにすることで、「消失点」を中心としたパスの線を増やすことができます。

● パスの線を増やした後に「消失点」だけを移動させたい場合

　　「消失点」ではない側は「パス選択ツール」で移動できますが、「消失点」側は普通に「パ
ス選択ツール」で「消失点」側のアンカー・ポイントを選択して移動させようとすると、
1本だけしか移動できずに残りのパスが取り残されてしまいます。

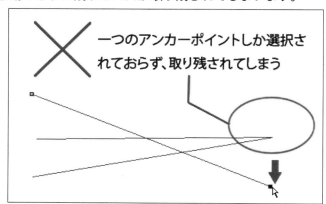

一つのアンカーポイントしか選択さ
れておらず、取り残されてしまう

　「消失点」を移動したいときには、白矢印 の「パス選択ツール」でマウスの左ボタンをドラッグすると、四角い点線がでます。

　この点線は囲った範囲内のアンカー・ポイントを全部選択できるので、消失点にしているアンカー・ポイント付近を囲むと、アンカー・ポイントが黒色の選択状態になります。

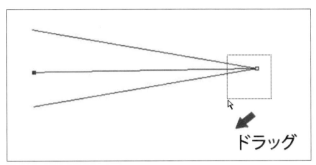

ドラッグ

　アンカー・ポイントをこの選択状態にすると、バラバラにならずに消失点のアンカー・ポイントを丸ごと移動することができます。

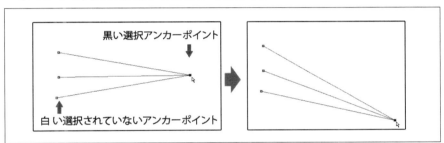

黒い選択アンカーポイント

白い選択されていないアンカーポイント

1-5　その他 Photoshop の操作について

■ クリッピング・マスク

「クリッピング・マスク」とは、既存のベースとなるレイヤーで描画した範囲をだけを描画されるようにする方法です。

クリッピング・マスクした状態で描けば、ハミ出さずに塗れるので、便利です。

ハミ出さないで塗るだけならレイヤーの透明部分の保護を使う方法もあります。
しかし、その場合は1枚のレイヤーになりますが、クリッピング・マスクの場合は、複数のレイヤーを維持した状態でハミ出さずに塗れるという利点があります。

クリッピング・マスクを作る方法は、ベースとなるレイヤーの上にマスクしたいレイヤーを配置して、レイヤー・メニューの「クリッピング・マスクを作成」を選択します。

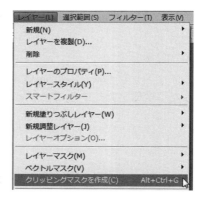

レイヤー→クリッピング・マスクを作成

クリッピング・マスクしたいレイヤーの間にマウス・ポインタをもっていき、[Alt] キーを押すと図のようにマウス・ポインタの表示が変化するので、その状態でクリックすることでもクリッピング・マスクを作成できます。

実際のところレイヤー・メニューから選択するのは手間なので、こちらの方法かキーボード・ショートカットを利用することになります。

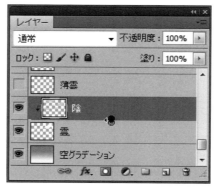

マウス・ポインタが変化している

・「PhotoshopCS」以前のバージョンの利用している場合

「CS」以降、「レイヤー・セット」が「レイヤー・グループ」と呼ばれるようになり、現在の「グループ化」は、以前のバージョンの「レイヤー・セット」を作ることをさすようになりました。

そして「PhotoshopCS」以前では「グループ化」と呼ばれていたものが「クリッピング・マスク」という名称になりました。

CS以前のバージョンを使っている人は、この「クリッピング・マスク」は「グループ化」のことだと置き換えて読んでください。

Photoshopバージョンによる名称変更

CS 以前	CS 以降
レイヤー・セット	レイヤー・グループ
グループ化	クリッピング・マスク

■ 変形

デジタルの利点として、描いたものを拡大縮小したり変形したりすることが簡単にできます。

「**Ctrl+T**」というキーボード・ショートカットも覚えておくと便利です。

自由変形を選択すると、このように画像の周りに「バウンディング・ボックス」という枠ができます。
角などにある「⊹」のような「ハンドル」という、この四角い箇所をドラッグすることで、変形させることができます。

編集→自由変形

編集(E)　イメージ(I)　レイヤー(L)　選択範囲(S)　フィルタ
取り消し(O)　　　　　　　　　　　　　　Ctrl+Z
1 段階進む(W)　　　　　　　　　　Shift+Ctrl+Z
1 段階戻る(K)　　　　　　　　　　Alt+Ctrl+Z
フェード(D)...　　　　　　　　　　Shift+Ctrl+F
カット(T)　　　　　　　　　　　　　　Ctrl+X
コピー(C)　　　　　　　　　　　　　　Ctrl+C
結合部分をコピー(Y)　　　　　　　Shift+Ctrl+C
ペースト(P)　　　　　　　　　　　　　Ctrl+V
特殊ペースト(I)　　　　　　　　　　　　▶
消去(E)
スペルチェック(H)...
検索と置換(X)...
塗りつぶし(L)...　　　　　　　　　　　Shift+F5
境界線を描く(S)...
コンテンツに応じて拡大・縮小　　Alt+Shift+Ctrl+C
パペットワープ
自由変形(F)　　　　　　　　　　　　　Ctrl+T
変形(A)　　　　　　　　　　　　　　　　▶

ハンドル付近にマウス・カーソルを移動させると、カーソルの表示が位置によって変化します。

バウンディング・ボックス

- ↕ **上下方向にのみ拡大縮小**

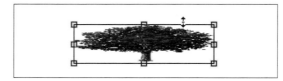

- ↔ **左右方向にのみ拡大縮小**

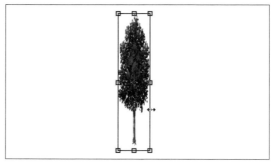

- ↗ **上下左右に拡大縮小**

（Shift キーを押すと縦横比を固定した拡大縮小ができます）

- ↻ **回転**

　ハンドル上で [Ctrl] キーを押すとカーソルが [▷] この形になります。これでハンドルをドラッグすると、自由に形を変形できます。

　この自由な形に変形できることを利用して、パースに合わせて変形することができます。

■ パースに合わせた変形

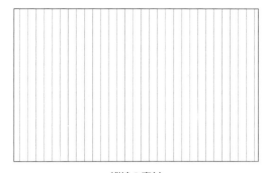

縦線の素材

このような等間隔の縦線の素材を変形させてフローリングの床の線にするとします。

---

[1] パースに合わせて変形するためのガイドとしてパスを使います。

　部屋を作る時点でパース用に消失点を決めたパスがあると思いますが、そのパスを選択します。

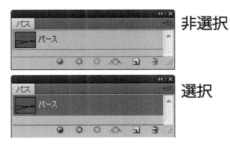

[2] そのパスで下図のように床の範囲を決めます。

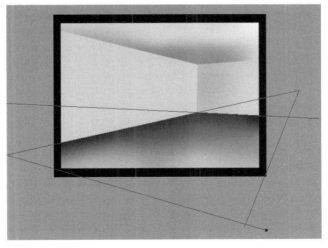

床の範囲を決める

[3] しかし、この状態で自由変形をしようとすると、レイヤーではなくパスを変形させようとしてしまいます。

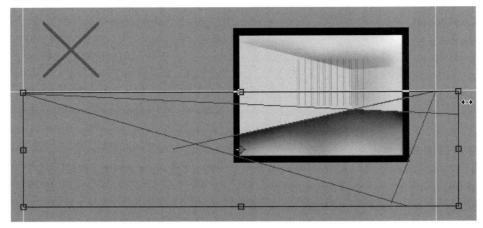

レイヤーではなくパスを変形させようとしてしまう

　そのため、「表示→エクストラ」でパスをいったん隠します。

　頻繁に表示、非表示をする場合は「Ctrl+H」というキーボード・ショートカットを使うと効率的です。

パスを隠す

[4]「エクストラ」を非表示にして**「編集→自由変形」**（ショートカット**「Ctrl+T」**）をすると、選択レイヤーの変形が行なわれます。

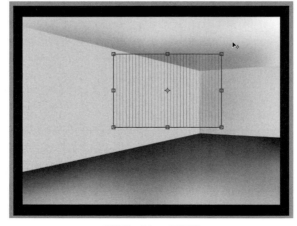

選択レイヤーの変型

[5] このようにして、レイヤーを変形できる状況にしてから再び「**表示→エクストラ**」でパスなどを表示します。

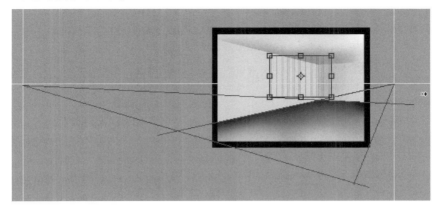

パスなどを表示

[6] この状況になったら、後はパースに四隅を合わせるだけです。

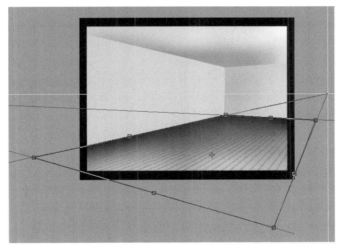

パースを四隅に合わせる

このようにすれば、パースに合わせて変形することができます。

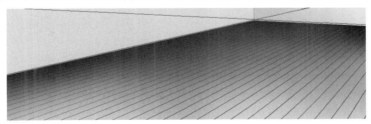

パースに合わせて変型できた

パスを表示したり隠したりややこしいと感じるかもしれませんが、手順としては、**[パスを選択後、Ctrl+H → Ctrl+T → Ctrl+H]** というショートカットを押すだけです。

キーボードの「H」と「T」はすぐ近くなので、慣れると **[Ctrl]** を押しっぱなしで「**H**」「**T**」「**H**」と押すという一連の動作としてできるようになると思います。

1-6　描き始める前に調べること

■ センスや才能は先天的なものではない！？

　本書のような解説書では、「ラフ」や「構図」の段階は、すでに描き終わった状態から始まることが多いと思います。

　しかし、絵において最初のラフの段階こそが最初の工程なので、そこまで跳ばされてしまうと、いきなりついていけなくなったりします。

　なぜ、ラフの段階が省略されてしまうのかというと、ラフが絵描きのセンスで感覚的に作られているためではないでしょうか。

　これは私の個人的な意見ですが、センスとか才能というものは、生まれながらのものではないと思っています。

　今まで生きてきた記憶の集合がセンスとなっていると考えています。
知識だけでなく行動した経験も含め、今までの記憶がセンスとなっているのです。

　生まれつきでないならば、今この瞬間からでもセンスは身につきます。

- 意味記憶　　　…　　知識として知ることによる記憶
- 手続き記憶　…　　行動によって経験することによる記憶

　この2つによってセンスが身につくのであれば、本を読んで新たな知識が増えることでもセンスは良くなります。そして、それだけではなく、実際に描くという行動によって経験をすることも重要です。

　センスを身につけるのに経験が必要なのに、1枚の背景を描いただけで「自分には背景のセンスがない」と決め付けるのは早すぎます。

　むしろ、1枚目に「センスがない」なんていうのは、センスを得るための経験がないのですから、当たり前の話です。

　もし、最初からなぜか上手く出来てしまう人がいたとします。そういう人は、やはり生まれながらにセンスがあったのではないかと思ってしまうかもしれません。

　しかし、それは、初めて経験する段階で意味記憶が多かったり、本人が無関係と思っていることで潜在記憶が貯まっていたということだと思います。

＊

　本人が無関係と思っている経験というのはどういうことでしょうか。

　たとえば、背景を描くのは初めてという人がいたとします。

　しかし、その人は背景を描くのは初めてでも、キャラクターは今までたくさん描いてきていてかなりの画力だったとします。

　そうなると背景を描くのは初めてといっても、背景だけでなく本当に絵じたいを描

くことが初めての人と比べると、キャラクターのほうで経験を積んでいる人のほうが背景のセンスがいいでしょう。

　それは、今まで背景は描いていなくても、物の形を把握する力や配色など、それまでキャラクターを描くことで得てきた記憶が活用できるからです。

＊

　このように、私はセンスや才能というのは記憶によって成り立っていると考えています。

　センスや才能は一生変化しないものではなく、これからどう行動し、どんな記憶を作るかで決まってくるのです。

■ イメージして描くのは、誰にでもできることか？

　絵を描いているときはそんなこと意識していなくて、なんとなく描いているようですが、実は今まで見てきた絵や写真、現実の世界などの中で良いと思った形を記憶から引っ張り出してきているのだと思います。

　たとえば、絵の上手い人に「頭にイメージしたのをそのまま絵に描けばいいんだよ」と言われても、「いやいや、それができれば世話ないよ」とか「どうしたらイメージできるんだろう？」と思うのではないでしょうか。

　完成した絵をイメージするというのは記憶に格納されている絵の情報を引き出しているのです。

　それは、単純に記憶にある絵の情報そのままではなく、複数の絵や写真などの記憶を組み合わせたりしたものかもしれません。

　しかし、何もないところから生まれたのではないと私は考えています。

　「イメージすればいい」と言っている人は、その人の中にすでに潜在記憶が豊富にあるのです。

　何度も経験を積んでいることで、その人の中である程度イメージを作ることが容易なパターンも作られているでしょう**(手続き記憶)**。

　また、多くの資料の記憶も頭に入っているでしょう**(意味記憶)**。

　そういった潜在記憶ができている人には容易であっても、引き出しがまだできていない人に、いきなりイメージすればいいといっても難しいのではないかと思います。

■ 絵を描くために必要な記憶の作り方

　ここまでをまとめると、

・**センスや才能は生まれたときに決まっていない。記憶で才能は作られる。**

・**イメージは記憶で作られる。**

ということになります。

では絵を描くための記憶を作るにはどうしたらいいのでしょうか。
まずは、「意味記憶」から考えてみましょう。

● 学校で学ぶ
　美大や専門学校のような、絵に関して教えてくれる学校に通うことで、知識を得ることができます。

　私自身は美大や専門学校卒ではないのですが、私と同様に絵の学校に行かずに絵の仕事をしている人や、美大や専門卒の人、その両方の人とお会いしたり話を聞いたりしたことがあります。

　そうした話から推察すると、学校に入りさえすれば絵がうまくなったり必ず就職できるというわけではなく、教えてもらえたり、質問できたりするので知識としての意味記憶を増やしやすい環境に身を置くということがメリットだと言えます。
　うまくその環境を活用するほどの意欲がなければ、その環境のメリットを活かせないので、本人次第なのではないでしょうか。

● 本書のような絵を描くための方法の本を読む
　こうして、今この本を読んでいることも、絵を描くための記憶の一つになると思います。

　もちろん本だけでなくインターネットにある描き方講座サイトなどからも知識を得ることができます。

・本書の元になった筆者のwebサイト

CG背景講座　BLANK COIN
http://blankcoin.com

● 描く対象に関する本を読む。参考にするべき資料画像を見る
　描き方の本だけでなく、描く対象に関する情報も意味記憶として有効です。

　本ではなくインターネットでも代用可です。しかし、良書だとネットの情報より分かりやすかったりするので、本も要チェックです。

　参考にするべき資料は、絵描きにとって武器なので、必要なものです。
　資料となる書籍は、絵描きにとっては投資となるものです。
　しかし、物理的な保管場所の問題があります。そして、学生など金銭的にも自由に買うことがままならない人もいるでしょう。

　しかし、今はインターネットによって多くの資料を探すことができます。
　そして、ネットで見つからない場合、実際に行くことができる場所ならデジカメを

もって足で集めることもできます。デジカメは、現像しなければ、いくら撮ってもお金も場所も要りません。

　ネットやデジカメで撮った写真は、フォルダ分けしていつでも探し出せるようにしておきましょう。

　引き出すことができるレベルで記憶に残すのには、それなりの工夫が必要です。

● 単純に接触回数を増やす

　引き出せる記憶を作るために回数を増やします。

　これは絵に限ったことではないですね。たとえば、漫画のセリフなど1回読んだだけでは思い出せないでしょうが、ネットなどでそのセリフが引用されて何度となく目にする機会ができると、勝手に記憶に残ってしまいます。

　このように、とりあえず回数を多く見るだけでも効果があります。

　暇なときに資料を頻繁に見れる人はぜひやっていただきたいのですが、忙しかったりいろいろと難しい場合もあるでしょう。

　そのような場合は、必然的に資料に触れる仕組みを作ります。

・資料になるポストカードなどをパソコンの近くなど普段目にする場所に置く。
・パソコンの壁紙を背景画や資料画像にする。

コントロールパネル→デスクトップのカスタマイズ→個人設定→デスクトップの背景

「参照」をクリックして自分の集めた資料のフォルダを選択して、表示したい画像にだけチェックを入れると、指定した時間ごとにデスクトップの背景が切り替わります。

いつも同じ画像だと意識することがなくなりがちですが、自動的に切り替わるので、資料を参考にする視点で見ることができます。

単純に接触回数を増やすことをここでは推奨しているものの、完全に意識に上がらないレベルだと記憶へ残る刺激になりにくいので、このように常に同じではなく、定期的に変化するといいと思います。

そういう意味では、前述したポストカードも常に同じではなく、たまには内容を入れ替えるといいでしょう。

● 観察するような視点でしっかりと意識して見る

アニメや漫画を見ていても、意外とその画面（紙面）に映る情報をすべて意識して見ているわけではありません。

普通はキャラクターを見ているものなので、特に背景が意識に上がることは少ないと考えられます。

それでも見ないよりはいいのですが、記憶から引き出せるレベルにするには刺激が少ないのではないかと思います。

アニメなどの作品を見るときだけでなく、普段の生活の中で見ている物でも同じです。何度も見ているようでいて意外に思い出せなかったりします。

描くために必要なレベルに記憶に残すには、意識して見る必要があります。

そのため、単純接触回数を増やすということで紹介した方法でも、常に同じ資料ではなく、変化させることで意識に上らせることがポイントになってきます。

壁紙などの方法は、そもそも時間のない中でいかに資料を見るかという方法なので、意識にあげるといっても長時間観察しなくても、数秒でもかまいません。

この方法では、とりあえず意識が向いた状態で見る回数が増えることがポイントです。

そもそも、資料をたくさん集めていると自分のもっている資料を忘れてしまうこともあるので、それを把握しておくためにも役に立つのではないでしょうか。

もちろん時間がたっぷりあるようでしたら、じっくりと時間をかけて見ると深く記憶に残ります。

そのような場合なら、自分の描いた絵と同じような題材で自分がいいと思う絵や資料と絵見比べて、どこが違うのかを検証するといろいろと発見できるので、とてもいい効果があります。

以上のように実物や資料画像などを見ることで知識をインプットすることが絵を描くために役立つ「**意味記憶**」を作ります。

しかし、勘違いしてほしくないのは、こうしたインプットをしてからではないと描くことができわけではありません。

背景で描く対象は無限のごとくあります。この世にあるものすべてを観察したり、知識を得るのを待っていては、いつまでたっても描き始められません。

「意味記憶」と「手続き記憶」の2つが必要と最初に書いたように、インプットだけでなくアウトプットである、描く作業が重要です。

「手続き記憶」を作るには実際に行動を繰り返す必要があります。

自分の描いた絵と資料との違いを見比べるためにも実際に描かないことには始まりません。

実際に描くというアウトプットによる「手続き記憶」がセンスの要因のひとつです。

結局、たくさん描けば上達するというと当たり前の話だと思うかもしれませんが、その通りです。描き続ければ上手くなるのですから、生まれながらの才能は関係ありません。

■ 向上心をもって描く

たくさん描けば上達する。

では、同じ時間描いているはずなのに、成長に差が出ることがあるのは、なぜでしょうか。

もちろん、その理由は生まれもっての才能の違いではありません。

アウトプットする時間が同じであるならばアウトプットの内容、またはインプットに差があるはずです。

自転車に置き換えて考えてみると、とりあえず最初は誰でも乗れなくて自転車を転倒させたりするのですが、アドバイスをもらうことによる「意味記憶」や、繰り返し乗るということによって出来る「手続き記憶」で普通に乗れるようになります。

しかし、あなたの目標がただ自転車に乗れることではなくて、自転車競技のように速く自転車で走れることだとしたら、どうでしょう。

毎日、何年も自転車に乗っていたとしても、それが通学に乗るだけだとして競技に出れるレベルになるでしょうか。

ただ自転車に乗れるというレベルより先を目指すのであれば、他者から技術を学んで競技のための知識を得るとともに、それを実際に試して走る必要があります。

これは絵でも同じです。

インプットをせずに現状に満足して同じ絵を描くよりも、もっと良い絵から学んで改善してアウトプットのレベルを上げることを意識して描くことが上達につながるのです。

漫然と描いているだけでなく、向上心をもって描くことによって成長するのだと思います。

■ 見て描く

絵を描かない人や描くようになって間もない人が勘違いしやすいことに、「何も見ないで描けるとスゴイ」というのがあります。

自分が見ながらでも描けないようなものを、何も見ないでサラサラ描いているのを見たらすごいと思ってしまうのも致しかたない話です。

実際には、一度見ただけのものを記憶して描くことはサヴァン症候群でもない限り不可能です。

一度見ただけでは記憶に残すのは難しいですが、見ながら絵を描くことで記憶に定着します。

そのため、何度か描いたものは見なくても描けるようになります。

ですから、見ないで描けてすごいと思った人も、それを描けるようになるために見ながら描いてきています。

たまたま熟練した人が何も見ないで絵を描いていたところを見たからといって、自分も今後いっさい何も見ないで描くようにしようなどと考えてしまうと成長を著しく阻害するので気をつけましょう。

ゴッホだって、実際の風景を見ながら絵を描いているのです。

■ 最初から個性にこだわる必要はない

「見て描くと似すぎてしまって個性がなくなる」という意見もあるかもしれません。これはイラストなど絵描き個人の個性を存分に出せる場で描くことを前提としている意見でしょう。

アニメやゲームなどは作業量が多いので一つの作品を多人数で作りあげることは普通です。

そういった場合、できる限り同じ人が描いたように絵柄を統一する必要性があります。

ですから、似すぎてしまうというほど合わせることができるのはむしろ有用なスキルなので、敬遠する必要はありません。

最初から個性ありきではなく、ある程度描けるようになってから個性については考えてもいいのではないかと思います。

よく言われる「守破離」のように、最初は型どおりにやってみるのも大切です。

＊

ここまで、「資料を見て描く」ということを主張してきましたが、最後にひとつ注意

すべき点があります。

「参照する資料はできる限りたくさん集める」ということです。

たった1つだけの資料を見て、「構図」「デザイン」「色」などなど、すべての要素をその1つから参考にしてしまうと模写になってしまい、それを自分のオリジナルと主張すると盗作と指摘されることになります。

創作するということは、まったく何も参考にせずに無から有を創りだすのではなく、錬金術のように何かと何かを組み合わせて新たな別の何かを創ることだと思います。そのため、資料は1つだけではなく複数必要であるということです。

■　トレースについて

見て描くこと以上に正確に資料を再現する方法に、「トレース」があります。

「ロケーション・ハンティング」といって、実際に現場に行って写真を撮ってきて参考資料にしたり、そのままトレースしたりします。

ちなみに、他者が権利をもつ著作物の権利を侵害した場合には、著作権侵害になります。ネットなどにある他者が撮影した写真や、他者の描いたイラストをトレースしないようにしましょう。

自分が撮った写真や資料として使用許可されている写真などをトレースするぶんには問題ありません。

人物の写真などは自分で撮影しても映っている人に肖像権があるので自由に使えませんが、建築物の場合は自由に使えるようです。

しかし、建物自体は大丈夫でも看板に企業のロゴマークなどが入っていたりする場合には、そのマークに権利が発生するので、そういった箇所には要注意です。

■　まとめ

・センスや才能は生まれたときに決まっていない。記憶で才能は作られる。
これからどうするかで才能は決まる。
・イメージは記憶で作られる。記憶を増やそう。
・たくさん描いてたくさん見たり知ったりするというアウトプットとインプットの両方をやる。
・現状に満足して同じ絵を描くよりも、良い絵から学んで改善していく。
・改善するためには、複数の資料を見て描く。描き終えた段階で改めて資料と自分の描いた絵とを見比べて違いを探す。

第2章
遠近法

遠いものは小さく、近いものは大きく描きます。これが大きさの遠近法です。
同じものが遠くと近くにあると、その距離感が表現できます。

この章では、「遠近法」について解説していきます。

「パース」についても解説しますが、パースに関してはそれだけで1冊の本になってしまいますので、基本的な解説は最低限におさえています。
本書では、「なぜかパースをとっているはずなのにゆがんでしまう理由」やパースの注意点を中心に解説します。

2-1　　　　　線遠近法（パース）

　いわゆる「パース」と呼ばれるものですが、これは「大きさの遠近法」をさらに厳密にしていったものです。

　「大きさの遠近法」で同じものを延々と遠くに並べると、少しずつ小さくなりいずれ点になります。
　これをつないだものが、「線遠近法」というわけです。

　この点になってしまうところを「消失点」と言います。

　人工物などの直線的なものは、この「線遠近法」によって表現するのに適しています。部屋や廊下、建物など背景は直線のものが多いので、背景を描くためには押さえておかねばならない技法です。

　この「線遠近法」は、いわゆる「パース」と呼ばれているもので、おぼえておかなければならないことに「アイレベル」と「消失点」があります。

■ アイレベルと消失点

　「アイレベル」とは、目線の高さのことです。
　そして、基本的にそのアイレベルに「水平線」や「地平線」があります。

　寝そべっているのか、しゃがんでいるのか、立っているのか、または高いところに登って見ているのか、視点によってアイレベルは変わってきます。

・アイレベル
　「Eye Level」で「EL」と略して表示します。

・消失点
　「Vanishing Point」で「VP」と略して表示します。

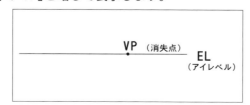

「消失点」を中心にして線を描くとパースのある絵を描くことができます。
このように2本の線を手前に描くだけで、地平線まで続く道ができます。

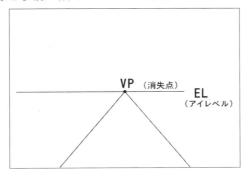

■ パースの種類

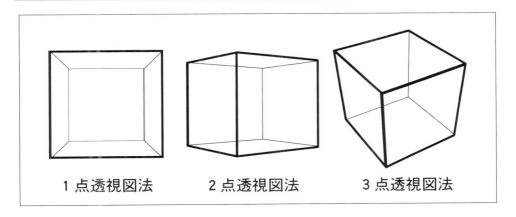

1点透視図法　　2点透視図法　　3点透視図法

　イラストや漫画などで使われる透視図法では、一般的に「1点透視図法」「2点透視図法」「3点透視図法」の3つがあります。

　違いは、対象を見る角度です。
　1つの絵の中で複数の透視図法を使われることもあるので、それぞれが独立した別物ではなく、一つの透視図法というものを理解するために分解してとらえているのだと考えるといいと思います。

■ 1点透視図法

「1点透視」は、対象物となる直方体を正面から見たものを描くときに使います。

「1点透視」は、1つの消失点に向かって線が集まっていきます。

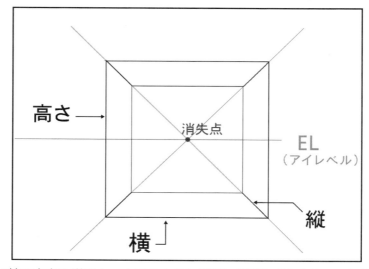

　本書では軸の方向を説明上、上図のように「縦軸」「横軸」「高さ軸」と呼びます（「xyz」と言ってもいいですが難しそうな印象を与えてしまうため）。

　「1点透視」では、「縦軸」のみ消失点に向かって傾きます。「横軸」や「高さ軸」は並行です。

[1点透視で絵を描く場合の注意点]

・消失点はアイレベル上にある。

・消失点はフレーム内にある。なるべくフレーム中心近くにあると安全。

● NG例

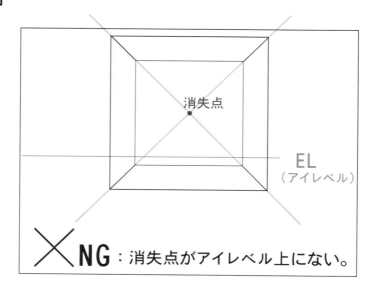

✕NG：消失点がアイレベル上にない。

　地面に対して垂直に立っている直方体を描こうとした場合、このようにアイレベルから離れた消失点を描くと間違いとなります。

　ただし、地面に対して垂直ではないもの（屋根や坂、階段など）を描く場合は「1点透視」の条件である直方体を正面から見た状態ではなくなります。
　そのため「1点透視」として描く必要はなくなるので、アイレベルから離れることができます。

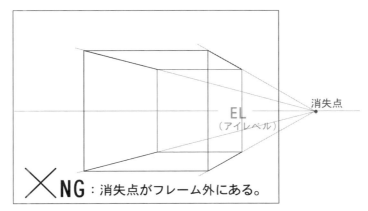

消失点がフレーム外にある場合はすでに正面からではなく、斜めから見ているので2点透視で表現するので、横軸が並行でなくなり傾きます。

「1点透視」の場合、基本的に消失点は画面の中心にあります。

「1点透視」はかなり特殊な条件下で表現されるものなので、消失点が中心にないものは厳密には「1点透視」ではなくなってきます。

＊

しかし、「1点透視」で消失点が画面の中心にないものは多くあります。
　そういった絵はいったいなんなのかと言うと、厳密には微妙に「2点透視」になるところを作業効率を考えて「1点透視」で表現しているのです。

「1点透視」というのは、「物が正面になくてはならない」という条件があります。
そのため消失点の付近はいいのですが、そこから離れたフレームの端に近いところはどうしても2点透視的になってくるのではないかと思います。

　もっとも、実際にはすべての絵でそんな面倒なことを厳密にやる必要はなく、「1点透視」の絵は端のほうだろうと「1点透視」で描くのが現実的なところです。微妙すぎる角度をつけるために時間をとられてしまうぐらいなら作業効率を重視したほうがいいでしょう。

　しかし、実際に描くときに反映させなかったとしても、それを把握しているかどうかで、違和感を感じたときの適応力が上がります。

■ 2点透視図法

「2点透視」は対象物となる直方体を斜めから見たものを描くときに使います。

「2点透視」はアイレベル上にある2つの消失点に向かって線が集まっていきます。「縦軸」か「横軸」かで集まる消失点が違います。

違う角度の物体があればその数だけ消失点が必要となります。

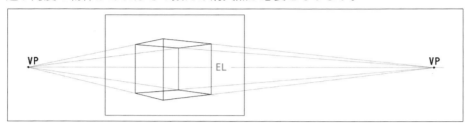

「2点透視」では、「縦軸」と「横軸」が消失点に向かって傾きます。「高さ軸」は並行です。

[2点透視の注意点]

・片方の消失点を近づけたらもう一方は離す。

片方の消失点をフレーム内に入れるなら、ほぼ1点透視になるほど、もう片方の消失点を遠くにする必要があります。

そのまま、片方の消失点をフレーム中心部（「視心」と言います）にもってくると、「1点透視」になってしまいます。

＊

このように、「1点透視」と「2点透視」は、まるで別物なのではなく、消失点の片方を視心に近づけていけば同じものになってしまうのです。

● 消失点は両方ともアイレベル上にある

「1点透視」と同じように消失点はアイレベル上にあります。

消失点が片方だけでも、アイレベルから離れているのは間違いです。

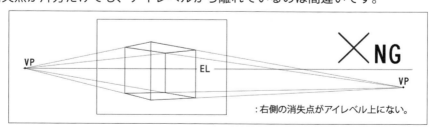

：右側の消失点がアイレベル上にない。

■ 3点透視図法

「3点透視」は、「2点透視」と同様の2つの消失点に加え、さらにもう一つ別方向に消失点ができます。

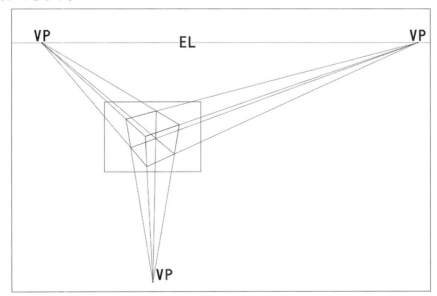

「1点透視」は縦方向のみで、「2点透視」は縦横2方向になり、「3点透視」は縦横高さの3方向に消失点（VP）があるのです。

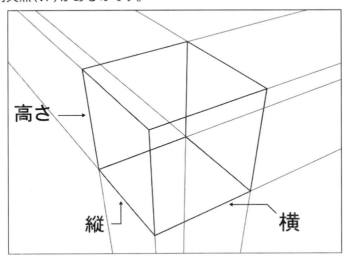

[3点透視の注意点]

・縦と横軸の消失点はアイレベル上にある。

■ パースの基本は「3点透視」！？

　パースの基本は「3点透視」です。

　普通は「1点透視」から「2点」「3点」と消失点が増えるごとに複雑になるので、「1点透視」が基本と考えてしまうと思います。

　しかし、私たちが日常で見ているものはほとんど「3点透視」で見ています。

　「3点透視」の中で上下の傾きがないという条件に該当したものだけが2点透視であり、さらにその「2点透視」の中で対象物が左右に傾いていないという条件をクリアしたものだけが「1点透視」で表現できるのです。

　「1点透視」はそういった厳しい条件をクリアした視点なのです。

　選ばれしモノだけが「1点透視」で描かれることが許されるのです。

　たとえば、このように机の上に消しゴムが3つ並んでいたとして、このうち「A」と「B」は「1点透視」で描くことが許されますが、「C」は「2点透視」にしなくてはなりません。

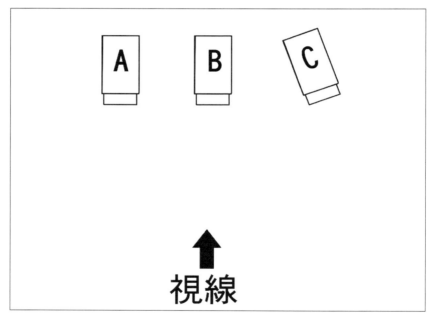

　「C」に少しでも上下の傾きがあった場合は、「3点透視」となってしまいます。

＊

　このように、多くの状況は「3点透視」なのですが、作画するにはもっとも手間がかかります。

　ですから、上下の視線の傾きをなくし「2点透視」にしたり、さらに対象を正面からにしぼり、「1点透視」にしたりといったことにより作業を効率的に行なうのです。

■ アオリとフカンは3点透視

本書では、

アオリ →視線が上方に傾いたもの

フカン →視線が下方に傾いたもの

として解説します。

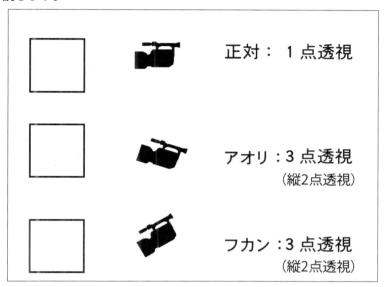

正対： 1点透視

アオリ：3点透視
（縦2点透視）

フカン：3点透視
（縦2点透視）

アオリとフカンは、視線に上下の傾きがあるので「3点透視」になります。

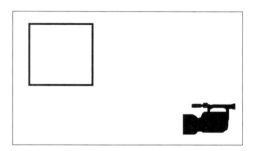

対象物が視線の正面より上にあるものでも視線が傾かずに前を見ている場合は、アオリではないと考えて、「1点透視」（対象が横に回転している場合は「2点透視」）で描きます。

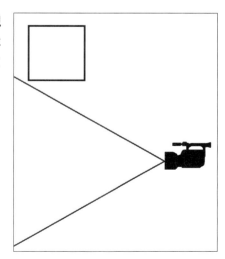

「1点透視」（カメラを傾けない状態）でアオリといえるところまで物体が近よったり上方へ移動したりすると、その物体は画面の外にフレーム・アウトしてしまうのです。

画面が縦長でフレーム・アウトしない場合に関しては、後述する「複合形」ということになります。

＊

この考え方をベースにしていると、あからさまに違和感のある、アオリやフカンの「2点透視」や「1点透視」を描かずにすむのではないかと思います。

たとえば、イラストなど描くときに、なんとなく描いたキャラクターの後ろに「2点透視」で背景を描こうと考えたとします。

そのときにアオリの背景を「2点透視」で描いてしまうと、アオっているので見えないはずのキャラクターの足の上面や地面を見下ろす形で描いてしまうので、違和感のあるものになってしまったりするのです。

もし地面や足まで入れてアオリで描きたいのであれば、「3点透視」にして、さらにアイレベルを腰やヒザの高さではなく靴の高さぐらいまで地面近くに下げるといいでしょう。

アイレベルが高いアオリの絵で背景に地面を入れてしまうと、くぼみにはまっているか上り坂ということになってしまいます。

■ 室内を描くことについて

「パース」（線遠近法）は人工物を描くときに使いますが、部屋の背景などはまさにパースの出番です。
室内を描く場合のことについて少し考えていきます。

＊

人間の視野は両目だと200°程度あるので、部屋全体が見える気がしますが、集中して見えているのは45°程度といいます。

これは60°の視野角で部屋の端から見える範囲ですが、側面は少ししか見えません。

「1点透視」の正方形の室内で視点観測者が室内にある場合は大部分が正面の壁ということになります。

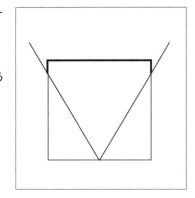

部屋全体が入るようにするには、壁をなくして映画のセットなどのようにして、部屋の外から見ることで部屋全体が視界に入ります。

美術設定など、部屋にあるものすべてを見せたいときにはよくあります。

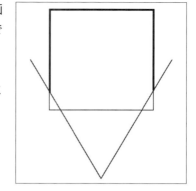

正方形の部屋ではなく、廊下のように奥行きが長ければ、壁の外にでなくても左右の壁も見えます。

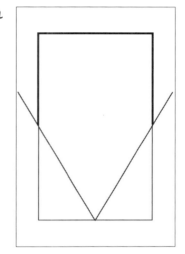

■「2点透視」で描く正方形の室内では3つの面を見せない⁉

「2点透視」で壁2面を見るぶんには、壁の外に出なくてもわりと全体的に見ることができます。

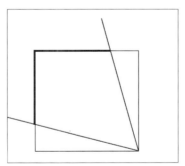

このように、壁3面を見せようとすると、「1点透視」に近くなってきます。

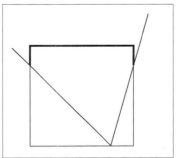

「2点透視」の室内では3つの面を見せないと言ってしまうと語弊があると思いますが、初心者向きの絵ではないので最初はそう考えていてもいいかもしれません。

そもそも3つの面を見せようとすると「1点透視」に近くなるので、いかにも「2点透視」的な絵にしたい場合は3つの面を見せないようにしたほうが無難です。

3つの面を見せるならどちらかというと「1点透視」の絵に少しだけ「2点透視」的に横軸を傾ける程度の感覚でいいのではないかと思います。
（横軸の消失点をできる限り遠くに設定するということです）。

＊

これから背景を描こうと考えている人にとっては基本的には「2点透視」では室内の壁は2面しか見えないものと考えていていいと思います。

それで充分、必要な背景は描けるので、とりあえずこの点を注意しておくだけで、なぜだか変な背景になってしまうリスクを一つ減らすことができるのです。

■「1点透視」と「2点透視」の複合形

しかし、そうは言っても、3面見せた構図でもう少し「2点透視」らしく横軸を傾けて描きたい場合はどうするかということについて考えていきたいと思います。
（初心者の方は上記説明のとおりですので、ここの説明は飛ばしてかまいません）

まず、「2点透視」は2つの消失点の間に描かれるもので、その外側に描こうとすると歪んできます。

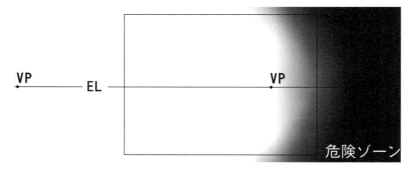

特に「EL」（アイレベル）から上下に離れるほどパースの角度がきつくなるので危険です。
「2点透視」では手前の角が90°以上にしたほうが自然だと言われますが、2つの消失点間を突破した場合は間違いなく90°以下になっています。

90°以下だと実際の直方体の角度以下になっているので、歪んで見えます。

■ 消失点の位置を決めて、部屋の枠を作る

　ラフの線のレイヤーの「不透明度」を「20%」程度に下げます。
　ラフの線を薄くすることで、「ペン・ツール」のパスの線と重なったところが見やすくなります。

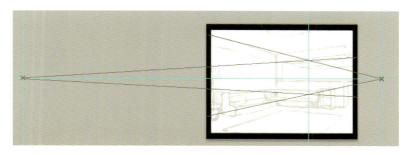

※パスによる補助線の作成法は1章のパスの項目を参照

　消失点とアイレベル以外に、真ん中にあるガイド（水色の線）は、部屋の角の位置です。
　2点透視の場合、部屋の角の直線で左右の消失点からのパスが交差するようにします。

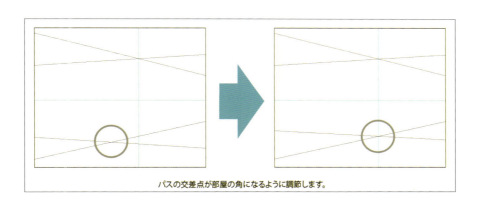

パスの交差点が部屋の角になるように調節します。

　このパスをなぞるようにして、「ブラシ・ツール」で[Shift]キーを押しながら直線で線を引きます。
　パスの機能で線を引いて、要らないところを消す方法もあります。

　「ブラシ・ツール」を選択し、ブラシ・サイズを「1px」や「2px」など小さくして、「ブラシでパスの境界線を描く」をクリックすると、パスの線が引かれます。
　その線の必要のない箇所を消します。

部屋の枠線を描く

　最初のラフは正確にパースをとらずに描いていたので、ラフの線と部屋の枠線とがこの時点では合っていないと思いますが、問題ありません。

■ 部屋の枠を作る時点で消失点が決定するので、パースに合わせて調整

　消失点が決まったので、パースに合わせるようにある程度調整します。同時に、物の大きさも多少調整します。

　粗い線を「消しゴムツール」で削って、多少整えつつ進めます。

粗い線を整える

■ 小物の資料を検索

　最初の画像検索で部屋全体の資料を集めましたが、部屋全体の画像だと画質によっては小物の細部がよく見えないことが多いです。

　そのため、必要に応じて小物ごとに資料を探します。

■ 小物のラフを描く

　このようにかなり大雑把なので、この時点では集めた小物の資料を見る必要はあまりないかもしれません。

　しかし、すぐに線画などで参考にするので、とりあえず、集めた画像をPhotoshopで開いて表示しておくぐらいは、しておいてもいいと思います。

小物のラフ

■ 人物ものさし

　線画の段階に入ってから調整してもいいと思いますが、パースに合わせて整える段階でものの大きさを合わせていきます。

　物の大きさの目安として人物を使います。

　キャラクターと背景に合わせて描くときに注意したい点は、「アイレベル（EL）の位置にあるものの高さが同じである」ということです。

正確に言えば、アイレベルだけでなく同じパースの直線上にある物の高さはすべて同じになります。

アイレベルを基準にするのは、単純に水平なので分かりやすいためです。

アイレベルを基準にする

この図だと人物のソデのあたりの高さがアイレベルになっています。

複数の人物がいる場合は身長差の高さのぶんだけズレますが、同一人物であれば近くにいても奥にいてもその高さは同じです。

パースなどを把握していると当たり前の話だと思って流してしまうかもしれませんが、この点を忘れてしまうと遠くにいるキャラが浮かんでいたり、手前にいるキャラが地面に埋まっていたりすることが発生します。

アイレベル上に同じ高さになるようにキャラクターの拡大縮小するときは、「 ✛ 」基準点をガイドで表示しているアイレベル上に移動させます。

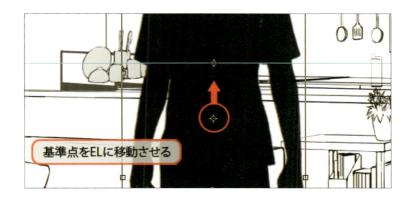

基準点をELに移動させる

この状態で変形をするとアイレベルの高さを合わせて拡縮できます。

この拡大縮小によって遠くでも近くでも画面内の好きな位置に人物を立たせることができます。

背景の大きさを確認したいところに人物を立たせることで、背景のものの大きさの目安にすることができます。

3-2　線画

　線画のブラシ設定は、「ハード円ブラシ」の「シェイプ」を「筆圧」にしたものを使います。

　サポートページのブラシ・ファイルだと［デフォルト .tpl］の「不100流100　流量オフ」というブラシになります。

■ 線を整える方法

　Photoshop で線画を描く場合、いくつか方法があります。

①ラフをアタリにして、パスで線を描く。

②ラフをアタリにして、ブラシ・ツールで清書する。

③ラフを消したり削ったり描き足したりして、ラフを整え、線画にする。

　①の**パスで描く方法**は、線が安定しているので線画を塗りの際にハイライトとして利用したり活用しやすい利点があります。

　曲線も描きやすいです。

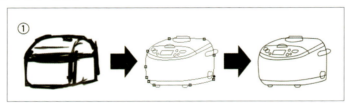

　②の**清書する**方法は、アナログでいうところの、「トレース台」でペン入れすることに近いイメージです。

　最後の③は、アナログでいうと鉛筆で描いた線を消しゴムで消して直すというのを繰り返して**クリンナップ**するイメージです。

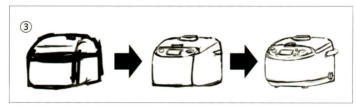

　パスだけで描いた線画は線が均一になってしまうので、私は主に②と③の方法を併用したような形で線画にしています。

　しかし、実際に使われるのは塗り終わったものなので、線画の時点での見栄えの必要性はないかもしれません。
　①の方法のほうがむしろ作業効率でいうとパスを範囲選択などに使えたりします。そのため塗りの段階にも活用できるので、①のほうが上かもしれません。

　私の場合は、「線画の時点での状態が良いほうがその後の作業でのテンションが維持しやすい」ということや、「単純にその描き方が慣れている」という理由で、②③併用で描いています。

　また、設定画のように線画が最終形の絵を描くときにも、普段と同じように描けるので困らないというのもあります。

　私の場合はラフを消したり描き足したりして整えて線画にしていくため、線画とラフの作業はハッキリとは分かれていません。

線画

　線画の工程は、資料を見ながら黙々と形を整える作業になります。
　ラフから線画の工程で絵を良く見せるポイントとしては、とりあえず「物を増やす」というのは一つの方法です。
　作業としては手間がかかるのですが、見栄えの良い絵にするために他の方法で試行錯誤したりしなくてすむため、完成度を高めるためには楽だと言えます。

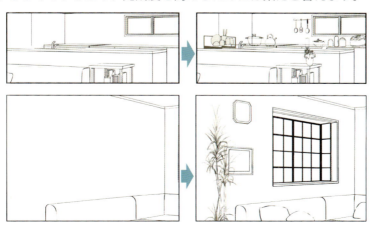

ディテールを描き込む

● 壁分割要素

　「物を増やす」ことに共通していますが、壁を分割するようにします。

　絵は描き込むことである程度見栄えがするようになります。

　しかし、一面何もない壁というのは描き込むための要素がほとんどないので、必然的に難しくなります。

　分割の方法としては、

・窓やドアを描く　　・廻り縁を描く

・壁に何か飾る　　　・壁の前に何か置く

　壁の前に物を置くと壁に影を入れることができるので、壁をさらに分割することができます。

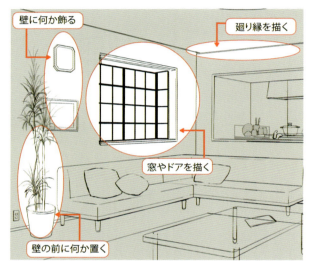

壁を描き込む

　今回の絵でいうと、窓を入れていて、廻り縁を入れています。
それだけだと左側のスペースが何もないので、「壁に何か飾る→時計と額」「壁の前に何かを置く→観葉植物」を配置しています。

　すでに設定が決まっているのであれば、このあたりは自由が利かないかもしれません。設定が、特になかったり自分が部屋の設定を決めるのであれば、こういった点を意識してみるのもいいでしょう。

＊

　何もない部屋の場合はどうするかという疑問が出てくるかもしれません。

　何もない部屋の場合は、物量で圧倒することができないので、「グラデーション」「テクスチャ」「陰と影」「質感」「ハイライト」「鏡面反射」などの要素で頑張ることになります。

　これらは「塗り」の工程の要素になります。

3-3　塗り

　基本的な塗りの作業でやることが分かれば、後はすべて同じことの個々の物に対して繰り返し適用することで完成します。

・面を作る　　・色を決める　・グラデーションをかける ・影を落とす　・ハイライトを入れる ・テクスチャ(質感)　・鏡面反射

■ 面を作る

　まず、それぞれの物ごとにレイヤーを作ります。

　レイヤーで分けておくことで、後で消したり移動したりといった調整ができます。また、ハミ出して塗らないためにも使えます。

　物の範囲を決めるだけなので、このレイヤーは単色のシルエットでかまいません。

　本書ではこの単色のレイヤーのことを、「ベース・レイヤー」と呼ぶことにします。

＊

　「ベース・レイヤー」は、硬いブラシで塗るか、パス(ペンツール)で塗ります。

　広い範囲を塗りつぶす場合は、パスで作ったほうが塗り残しもなくなるので、いいでしょう。

　パスの使用法に関しては**第1章**の「パス」の項目を参照してください。

　パスを作ったら、「パス」ウインドウのいちばん左のボタンを押すと、描画色でパスの範囲を塗りつぶすことができます。

　遠くにある小物など、小さい範囲を塗るような、いちいちパスで範囲を取るのが面倒な場合は、硬いブラシで塗ってしまってかまいません。

小さな部分は、硬いブラシで塗ってしまう

　今回の室内の背景にはいろいろなものがあります。ここでは、基本的な塗りの工程を、「対面式キッチンのカウンター」を例として、解説していきます。

大きい範囲なので、パスによる塗りつぶしで面を作ります。

「クリッピング・マスク」で利用して塗りがハミ出さないようにしたいので、レイヤーを「正面」「側面」「上面底面」に分けておきます。

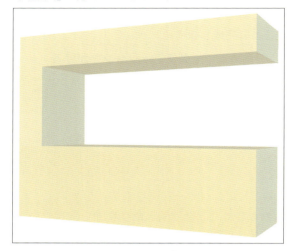

それぞれレイヤーを分けておく

面の作成をしているときは、色はあまり考えずに作業します。範囲が分かるよう適当に色を変えて作っても、後から色調補正で色は変えられるので、大丈夫です。

「クリッピング・マスク」による方法は、レイヤーが分かれているため、後からの調整が容易であるというのが利点です。

その反面、レイヤー枚数が増えて煩雑になりやすいです。レイヤー枚数が増えると、そのぶんだけレイヤー管理に時間が取られることになります。

後で、調整の必要のないレイヤーは統合するなどして、管理しやすくしましょう。

■ 色を決める

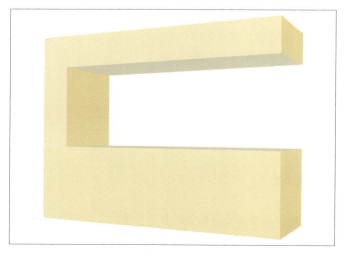

色を決める

面を作る時点で、色も決めながら作業してかまわないと思います。
しかし、色の違いは予想以上に仕上がりに影響があるので重要です。

色を変えたいレイヤーを選択して、「色相・彩度」で色を変えます。

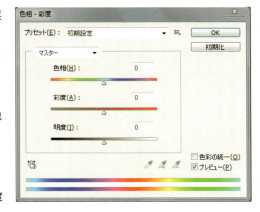

イメージ→色調補正→色相・彩度

「太陽」や「ライト」など、光源のある側の面を明るい色にして、光の当たらないほうは暗くします。
面が違うのに明度などが同じだと、線画レイヤーを外したときに面の違いが分からなくなってしまいます。

> **Check!**
> 絵柄や作品の雰囲気にもよると思いますが、影面の色を明度だけでなく色相や彩度も変化させてみると面白い効果が得られる場合があります。

■ グラデーションをかける

「グラデーション・ツール」か、「ブラシ・ツール」を使います。

ブラシ・ツールは硬さを「0%」にして、ブラシの大きさもかなり大きめにして使います。
ブラシの「不透明度」、グラデーション用にレイヤーを用意しているのであれば、そのレイヤーの「不透明度」を下げておくと、調節が効きやすいです。

グラデーションをつける

■ 影を落とす

　影用のレイヤーを作って、レイヤーの「不透明度」を「30%」程度に下げます。

　影の濃さは光の強さによって変わるので、その状況によりレイヤーの不透明度は変えます。

　また、「レイヤー・モード」を「乗算」に変更してもかまいません。

「不透明度」を下げる

　影は多少軟らかいブラシで描くか、硬いブラシで描いたときはボケ足の大きな消しゴムで削って馴染ませます。

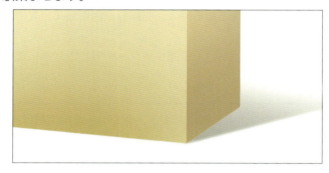

影を描く

● 影の色

　影の色を変えてみるのも、変化が出て面白いと思います。

影の色を変更

　影はレイヤーの「不透明度」を下げているので、色の違いが分かりにくいかもしれませんが、■の色で影を塗っています。

＊

　黒で塗ってしまって後から色を変えたくなった場合は、「色相・彩度」で変えることもできます。

　色を変える前の影の色が黒や灰色など無彩色だった場合、デフォルトの状態だと色

相のスライダを動かしても変化がありません。

　無彩色に色をつけたい場合は、「色彩の統一」にチェックを入れてから調整しましょう。

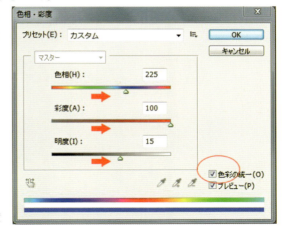

イメージ→色調補正→色相・彩度

● 接地面の影

　遠くまでのびる影とは別に、接地面に濃い影を入れると、接地面と物が馴染みます。

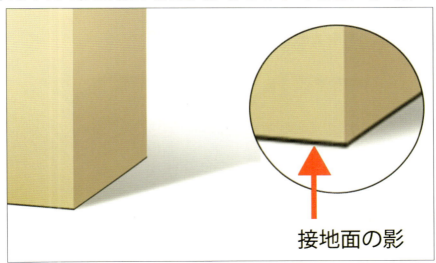

接地面に濃い影を入れる

　通常の影は光源と反対側に出来ますが、接地面の影は物体と面の微妙な隙間に出来る影なので光源側であっても、影が出来ます。

　このカウンターの場合は、接地面に置いてあるのではなく、接地面と結合しているので、この接地面の影を入れなくていいと思います。

　しかし、このような場合でも、影としてではなく、接合部を馴染ませるために線を入れておいてもいいでしょう。

● **距離による影のボケ具合**

　影を作る光を遮っている物と、影の落ちる対象との距離が近いほど、クッキリした影になり、離れるほど、影はボケていきます。

遠近によって影のボケ具合が変わる

　影をボカしたいときは、フィルタの「ぼかし（ガウス）」を使います。

■ ハイライトを入れる

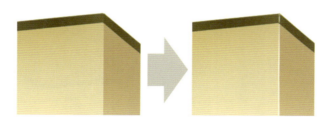

ハイライト

　角にハイライトを入れます。「頂点」か「辺」、またはその両方に明るい色を塗ります。
　ハイライトは、すべての頂点や辺に入れるのではなく、光源と自分に近い手前側の頂点や辺に入れます。

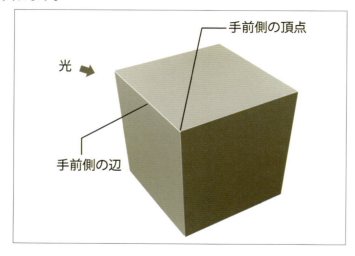

　ハイライトは光源の反射です。球体の場合は、光源方向にハイライトが入ります。
　球形の場合はどの角度に向きを変えても変わりませんが、直方体の場合は面の角度によってハイライトの入り方が変わってきます。

　光源から自分側に反射する角度に面が向いていれば、面全体がハイライトのように明るくなりますが、多くの場合は直方体の頂点か辺がハイライトになります。

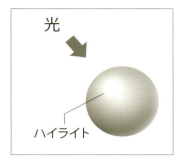

　ちなみに、線画レイヤーは最初のうちは表示していますが、最終的には非表示にします。線画が表示されているとハイライトの部分も黒くなってしまいます。

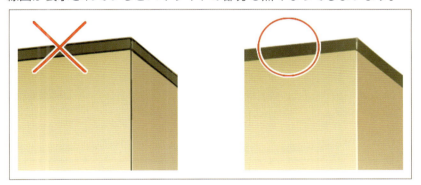

線画レイヤーは最終的に非表示にする

　面によって明度や色が変えてあり、グラデーションやハイライトなどの処理がしてあれば、線画は外しても問題ない状態になっていると思います。

　それでも線画を残したい場合は、線画をハイライトのレイヤーより下にしたり、線画レイヤーの「不透明度」を下げて目立たない状態にするといいかと思います。

　ただし、絵柄として意図的に線画を残す場合はこの限りではありません。

■ テクスチャ（質感）

　「テクスチャ」とは、表面の「材質」とか「質感」のことです。
鉄製の物や木製の物など、世の中にはいろいろな質感のものがあります。
　フローリングの床であれば、木目のテクスチャになります。

　テクスチャ（質感）は、直接「描く」ことで表現することもありますが、デジタル表現の利点を活かして平面のテクスチャを変形したりして貼り込むことも可能です。

　貼り込む平面テクスチャは素材集などのように販売されているものもありますが、自分で平面で描いて作ることもできます。

テクスチャ

　上図の自分で描いたテクスチャを「編集→自由変形」でパースに合わせて貼りつけると下図のようになります（パースに合わせて変形する方法は**第1章**を参照）。

パースに合わせて貼りつけ

Check!

　自作の平面テクスチャ素材は別の絵を描くときにも再利用できるので、フォルダにまとめて保存しておくといいと思います。

　質感の表現はいろいろなものがありますが、廃墟のような壁であれば壁に亀裂や汚しを描き込むことで質感を出せます。

　木目のような分かりやすいテクスチャであればいいのですが、なんでもないキレイな壁のような場合のテクスチャは、逆にどうすればいいのか迷ってしまうのではないでしょうか。

　実際に、このようにただの壁の場合、グラデーションなど他の塗りの処理だけで、質感は何もしないということもあると思います。しかし、多少は何かを入れたいときには、私の場合、このようなノイズ的なテクスチャを入れたりします。

ノイズのテクスチャを追加

このようなノイズのテクスチャの「不透明度」を下げて使います。

レイヤー・モードは「通常」のまま使っていますが、場合によっては「乗算」などにレイヤー・モードを変更してみたりすることもあります。

 紙テクスチャ.psd

紙に描くアナログ画材の場合は、必然的に紙の質感が入ると思うのですが、デジタルでの作業の場合は、こういったザラつきは意図的に入れる必要があります。

実際に使う場合は、かなり薄くして使います。壁がすぐ目の前にあるわけでないのなら、壁紙の質感が見えるわけではないので、テクスチャを入れたのが一見分からない程度でもかまいません。

慣れないうちは、「せっかくテクスチャを入れるのだから」と、テクスチャを主張させすぎてしまうことが多いでしょう。

対象物との距離感なども考慮しつつ、テクスチャの強度は自重すべきときもあること覚えておいていただければと思います。

■ 鏡面反射

「鏡面反射」は、テクスチャの一要素ではありますが、ツルツルしたツヤのある質感のものを表現するのに効果的です。

ツヤのあるものは鏡のように、近くにあるものを映します。

逆に、ザラザラした質感の場合はこの鏡面反射を入れないほうが質感を表現できます。

アスファルトのようなザラザラしている表面は基本的に鏡面反射しないのですが、雨などで濡れた場合は水が鏡面反射しやすいので、この表現を適用したりします。

最近ではサイトのロゴや文字をこのように鏡面反射させているのを見ることがあると思います。

CG背景講座　BLANK COIN

＊

鏡像のポイントは以下のようになります。

・垂直方向に反転
・不透明度を下げる
・接地面から離れるほど薄くなる

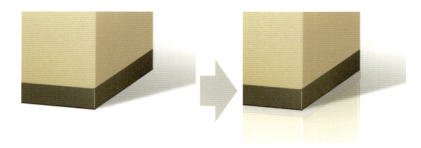

背景の鏡面反射

文字ではなく背景の場合はこのようになります。
以下で、各ポイントを解説していきます。

● **垂直方向に反転**

　平面的な文字ならば普通に変形の垂直方向に反転ですみますが、背景画の場合は、パースがついているので、単純にレイヤーを複製して反転するだけではパースが合いません。

鏡像がパースに合っていない

　この対策としては、レイヤーの複製をせず、素直に鏡面部を描いてしまうというのもひとつの手です。

　もう一つは、範囲選択で切り取って、部分的に変形してパースに合わせるという技です。

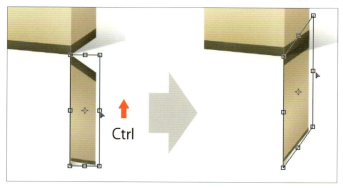

Ctrl

部分的に変形

※パースに合わせて変形する方法は、**第1章**を参照。

同様に、もう一方でも行なうと、以下のようなパースに合った鏡像が出来ます。

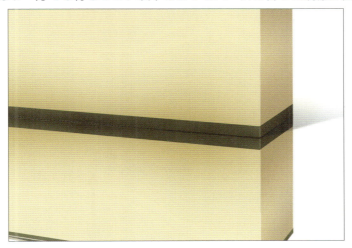

パースの合った鏡像

● 「不透明度」を下げる

　鏡のように鏡面反射率が高ければ実物と同じように映りますが、床とか机などはツヤがあってもそこまでの鏡面反射率はないので、鏡像は薄くなります。

　具体的には、鏡像のレイヤーの「不透明度」を下げるということです。

「不透明度」を下げる

　どの程度の「不透明度」にするかは、対象がどの程度ツヤがあって反射する素材であるかによります。

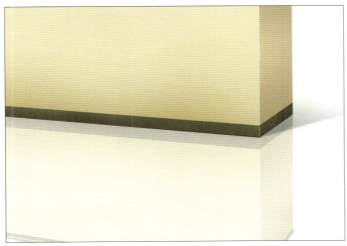

不透明度を下げた状態

● **接地面から離れるほど薄くなる**

　鏡面反射率が高い素材の場合は、接地面から離れていてもしっかりと鏡像が映りますが、鏡面反射率の低い、よりマットな素材ほど接地面に近いところまでしか反射できなくなります。

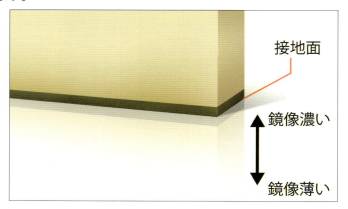

段々薄くなっていく

　具体的には鏡像のレイヤーをボケ足の大きな軟らかい「消しゴムツール」で消します。消し具合を後で調整できるようにしたい場合は、「レイヤー・マスク」を利用してもいいでしょう。

＊

　以上が塗りの基本的な手順です。
これを線画で描いたものに、それぞれ適用していくことで、完成します。

完成

3-4 塗りの応用テクニック

　次は、補足として今まで解説した塗りの基本的な手順だけでは足りないポイントの解説をしていきます。

・ライト、窓などの光の入れ方
・明度差による分離
・手描きグラデーション

　基本手順だけでも充分しっかりした背景になると思いますが、これらの技術によって、より印象的な絵になります。

■ ライト、窓などの光の入れ方

・ライト

　これまで解説してきた塗りの基本手順は光を受ける側のものでしたが、ライトなどその物体自体が光っている場合の描き方の解説をします。

　光るものを描くには、元になる白いシルエット状のレイヤーを複製して、その複製したレイヤーをフィルタの「ぼかし（ガウス）」でボカすだけです

レイヤーを複製

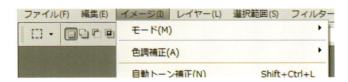

「ぼかし（ガウス）」をかける

　もちろん、複製やフィルタを使わなくてもボケ足の大きなブラシで描いてしまってもかまいません。

＊

　次の図のように、光のボカしの大きさの違う2種類のレイヤーを重ねています。

　ボカしたレイヤーが重なることで、光るということが分かっていれば、後は適当にアレンジしてレイヤー・モードを「スクリーン」にしてみたり、光レイヤーに色をつけてみたり試してみるのも面白いと思います。

ボカしたレイヤーを重ねて光らせる

レイヤー・モードを「スクリーン」に

　ちなみに白も無彩色なので、「色調補正」で色を変えたいときは影のときと同様に、「色相の統一」にチェックを入れてから調整しましょう。

・窓

　基本が分かれば、形が変わってもやることは同じです。

　窓のような格子状のものも、同じく光らせることができます。

＊

　元となる窓レイヤーを複製してボカしたレイヤーを窓枠レイヤーの上に乗せるだけです。

　ボカした「窓のコピーレイヤー」をさらに複製すると、光具合の強度を上げられます。

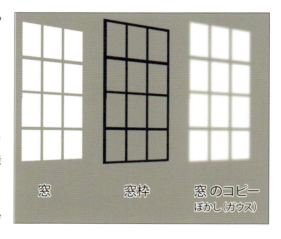

　さらに新規レイヤーで「スクリーン・モード」で窓の周囲に光を入れます。

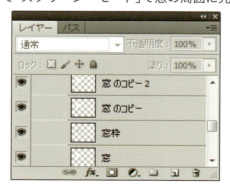

　この図は白い色が見えるように後ろを黒くしていますが、実際に描く時は白で塗る
だけで問題ありません。

　ボケ足の大きな軟らかいブラシで適当に光を入れています。

■ 明度差による分離

　山の描き方でも解説しますが、明度が近いと、後ろにあるものとの一体化している
ように見えてしまいます。

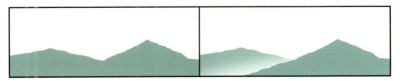

接する部分の明度を変える

　このように山同士が接するところを明度差をつけることで手前と奥の関係が分かり
やすくなります。

　これを室内でも適用すると効果的になる場合があります。
　すべてのものにこれをやる必要はないと思いますが、奥と分離させたいものに試し
てみるといいのではないかと思います。

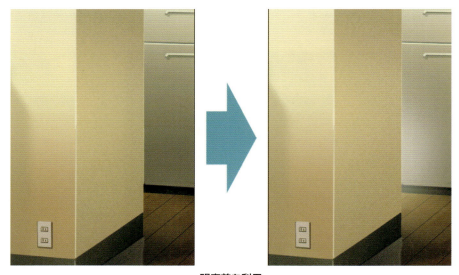

明度差を利用

キャラのレイヤーの下に白ボカシが入っていてキャラの周りだけ少し明るくなっている絵を見たことがあるのではないでしょうか。

それは明度差をつけて、キャラと背景が一体化しないようにして視認性を上げるためです。

この明度差をつけることで視認性を上げる効果が分かりやすい例としてはテロップなどの文字ではないかと思います。

画像にテロップなど文字を入れる場合、後ろの色と文字の色が近いと視認性が悪くなるので文字にフチを入れたりします。

フチ付き文字

■ 手描きグラデーション

グラデーション・ツールやボケ足の大きなブラシによるグラデーションは安定感があるため、塗りの基本手順のグラデーションをかけるという内容でも、これらを使いました。

しかし、すべてをこのなめらかなグラデーションだけだと少し全体の印象が硬くなり、デジタル画材っぽさが出てしまいがちだと思います。

　これを緩和するための方法を解説していきますが、この方法はうまくやらないと逆に汚しただけになる可能性もあるので、普通のグラデーションで描くことに慣れてきてから試したほうがいいかもしれません。

＊

　まず、手描きによるグラデーションを描くにはブラシの「不透明度」を下げる必要があります。

　第1章のブラシの項目で軽くふれましたが、ブラシの「不透明度」を下げることで重ね塗りができます。

　この重ね塗りを利用して、少しずつ色の変化をさせることでグラデーションにします。

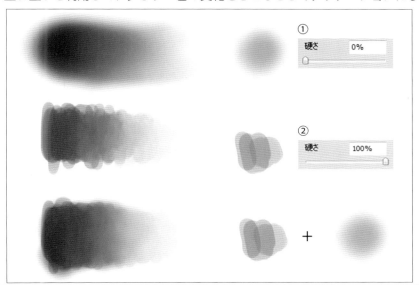

①**ボケ足の大　軟らかいブラシ**
　　長所：滑らかで馴染ませやすい　　　短所：CG的になりすぎることがある
②**ボケ足の小　硬いブラシ**
　　長所：手描き感が出る　　　　　　短所：筆跡が目立ちすぎることがある

　ブラシの硬さを変えて両方の特性を活かすことで馴染ませつつも手描きの雰囲気の残るグラデーションにできます。

　また、ブラシ先などをカスタマイズすることで筆跡が目立ちすぎるのを緩和させることもできます。

カスタマイズしたブラシ先

　前ページの図は、私がカスタマイズしたブラシで、ネットで販売しているものなのですが、ブラシ先が円形ではないので比較的馴染ませやすくなっています。

　重ね塗りの手描きグラデができるようになると、下図のように面の中の明るい部分を描いたり、自然物を描いたりとさまざまな場面で使えます。

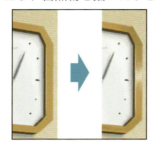 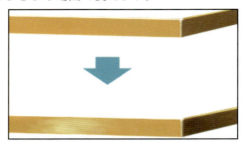

明るい部分に手描きグラデ

　この手描きグラデも塗りの基本手順であるテクスチャ（質感）の要素となります。

● 手描きグラデーションがうまくできない場合のワンポイント・アドバイス

　下図で言うと、黒と白の両極端の色だけだと滑らかなグラデーションにするのが難しいので、すでに塗った箇所から「スポイト・ツール」で中間色をとって馴染ませていきます。

　ブラシ・ツール使用中に[Alt]キーを押すと、「スポイト・ツール」に切り替わるので、こまめに色を取ることができます。

　それでも、うまくいかない場合はブラシが硬すぎるか、ブラシの「不透明度」が高すぎるのではないかと思うので、調節してみましょう。

[Alt]キーを押すと「スポイト・ツール」

第4章
汎用性の高い自然物背景

本章では、「岩」「植物」「空」「山」など、自然の背景の描き方を解説します。
自然物は、人工的な室内などと違って、「ランダム感」が重要です。

4-1　岩　崖

次は、「岩」や「崖」など、ゴツゴツしたものを描いてみましょう。「岩」と「崖」は技術的にほぼ同じなので、片方が描ければもう一方も描けます。

■ 「岩」を描く

岩を描く場合、重ね塗りができるようにブラシの「不透明度」を下げます。

ブラシの「不透明度」を下げる

画像では「80％」になっていますが、「50％」でも「20％」でもかまいません。
　「80％」など濃い目の場合はブラシの跡が残りやすいので、「ハード円ブラシ」など通常の丸いブラシ先の場合は、もっと薄く「50％」などにしたほうがいいでしょう。
　しかし、あまり薄くしすぎると、色を追加したいときに、色がなかなかのらなかったりします。

＊

では、最初に岩の描き方の流れを見ていきます。
　どの箇所を塗ったか分かるように、前工程で薄くしていたものを右側に表示しています。

[1]明るい面と暗い面を分けます。この最初の工程だけはブラシの「不透明度」を下げずに、「100％」で塗ります。

明るい面と暗い面を分ける

[2]明るい面に点を入れます。これによって、平らな面にある、窪みを表現できます。

[3] 明るい面の角に暗い色で描き加えて、欠けている表現をします。

[4] 暗い面の角に明るい色で描き加えて、欠けている表現をします。

[5] 明るい面をさらに明るくして、面を増やします。

[6] 暗い面が単色の状態だったので、縦方向に塗りを入れました。

[7] 全体的に整えて、完了です。

■「欠け」や「亀裂」

　岩の「欠け」や「亀裂」を表現します。
　③と④の工程で行なっていることです。

　単純化すると、図の左のように明るい面と暗い面があります。
　そのどちらかの面の色でもう片方に、ハミ出すことで、角が欠けている状態を描くことができます。

　明るい面が欠けたりするとその部分は光が当たらなくなるので、暗くなります。

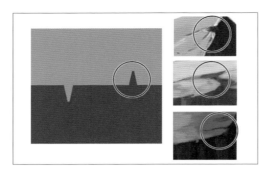

欠けた部分に影

逆に暗い面は光が当たっていないのですが、角が欠けたりすると光が当たる小さな面が出来ます。

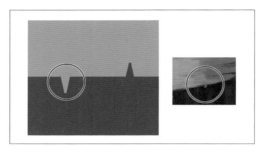

欠けた部分に光

しかし、このような欠けや亀裂の描き込みすぎには注意が必要です。
近景ならともかく、離れたところであれば、細かい欠けの描き込みは、むしろ省略したほうがいいでしょう。

また、岩にも角張ったものだけでなく、丸い岩などいろいろとあるので、このような亀裂などの表現を使わない場合もあります。

岩以外だと、瓦礫などでこういった亀裂の表現はよく使われます。

■ コントラスト

最初の塗り始めの時点で、岩の色明るい色と暗い色はそれなりの明度差があったほうがいいです。

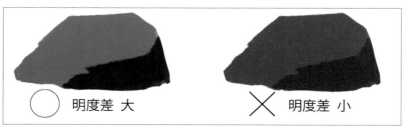

コントラストの違い

数値的に見ても左の「明度差　大」のほうは「70」程度離れているのに対して、右の「明度差　小」のほうは「30」以下の差しかありません。

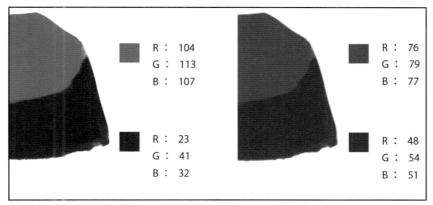

明度差

このように、同じように塗っても、最初の時点での明度差が小さい場合は、明暗の差が出てきません。

明度差が小さかった場合

最初の段階で「70」程度の明度差がありましたが、⑤の工程でさらに明るい色で塗るので最終的には明部と暗部で「100」以上の明度差があります。

明度差が大きかった場合

同じように塗るのであれば、明度差があったほうが見栄えがよくなります。

しかし、日差しの強さによって明度差は変わってくるので、季節や天気によっては必ずしも明度差を大きくすればいいともかぎりません。

曇りのように日差しが弱いときには、あえて明度差を小さくすることもあると思います。

　しかし、そのように意図しているのではなく、なんとなくで塗っていて見栄えがしないときは、この明度差が原因かもしれません。

　最初の時点で明度差を大きくし忘れてしまった場合は、レベル補正などで後からコントラストを強くすることもできます。

■ 岩の形

　岩の形が変わっても作業はほぼ同じで、最初にどのような形のシルエットにするかの違いです。

岩の形の違い

　上流で大きくゴツゴツしていた岩が下流にいく過程で割れたり削れたりして小さくて丸い石になります。

　場所によって、岩の形や質感は変わってきます。

　しかし、いきなりそんなことまで考えなくてはいけないのかと思うと、何も描き始めることができなくなってしまいます。

　ですから、私は最初からそのようなことを考えなくてもいいと思います。

　今まで背景を描いたことない状態で、考えることが多すぎると、投げ出してしまいたくなるのではないでしょうか。

　細かいこだわりは上達してからでも遅くないので、深く考えず描き始めてしまいましょう。

■ 遠景の場合

　ここまでの解説は主に近景の岩を想定してきました。

　亀裂などの描き込みやコントラストを強めるというのは、情報量の多い近景での場合です。

　遠景になるほど、描き込みの少ないシンプルな状態のほうがよくなります。

　初めて岩を描くのであれば、まずは遠景の岩で練習してから、より描き込む必要のある近景の岩を描く、という順番のほうがいいと思います。

　遠景の場合は、シルエットの形と明るい面と暗い面を描いた状態でよかったりします。

　遠いので、重ね塗りによる岩肌の微妙な凹凸を表現も必要ないので、遠景の場合は最初の岩を描く工程①の状態で完成しているのです（遠景用にコントラストを弱める必要はあります）。

■　まずはこれを練習してみましょう

● 筆使いの練習

　ブラシの設定で、「筆圧」によるコントロールをできるようにしていても、実際に描くときに最初から最後まで筆圧が最大になってしまうほど力を入れていると、AやBのように筆圧による強弱ができません。

筆圧の違い

　Aに関しては[Shift]キーを押しながら描いているので、完全に直線です。

　人工的なものを描くときには、Aのような直線も必要になります。

　しかし、自然な塗った感じを出すためには筆の強弱が必要になります。
単純に描くときの力を弱めて、ソフトタッチにすればCやDのようになります。

　これは線画ではなく塗りのためなので、途切れていても問題ありません。
自由に筆圧の強弱をつけられるようにしましょう。

● 重ね塗りの練習

①　まず、基本になる色を塗ります。
②　ブラシの不透明度を「50%」程度に下げ、少し暗い色を選択して塗り重ねます。
③　基本の色を「スポイト・ツール」でとって、さらに重ねて塗ります。
④　暗い色を「スポイト・ツール」でとって、重ね塗りを続けます。
⑤　白など明るい色を選択して、重ね塗ります。

　工程②から⑤までひたすら重ね塗りしているだけなので、わざわざ工程を分ける必要はあまりないのですが、このように馴染ませるために、「すでに塗った絵からスポイト・ツールで色をとっては重ね塗る」というのを繰り返しているのが分かるでしょうか。

　この工程⑤まで練習して重ね塗りができれば、岩以外でもいろいろなものに応用できます。
　重ね塗りした面に⑥のように陰面を追加すれば、「岩」になります。

　練習と言いましたが、面倒であれば最初は飛ばしてしまってもかまいません。とにかく実際に「岩」でもなんでも描いてしまいましょう。
　その後、うまくいかないときにこのような筆圧の強弱や重ね塗りができているのか確認して、それらに問題があったら、そのときになって練習すればいいのです。

■ 崖

[1] 崖の色を塗ります。

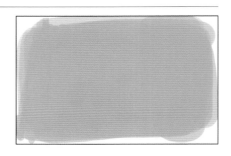

[2] 縦方向に塗って大まかな形を考えます。

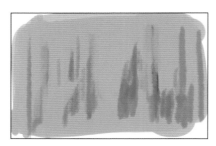

[3] 明るい色を追加して塗ります。

[4] 描き込んでいきます。

　ある程度、平らな面を多くしたりしたほうがいいと思います。

　平らな面があることでその部分の描き込みすぎを抑えられます。画面全体すべて描き込むと、うるさくなってしまうことがあるので、あえてシンプルな箇所を作るように意識します。

[5] 全体的に整えたり描き込んだりします。

　さらに暗い色の箇所を作ってコントラストを強めたりします。

■ 「岩」が描ければ「崖」も描ける

　「岩」と「崖」は技術的にほぼ同じなので、片方が描ければもう一方も描けます。

　「岩」を描く技術が向上すれば「崖」も同様にうまく描けるようになっています。

　たとえば「崖」を横に回転させて、一部を切り抜いて描き足せば「岩」になってしまいます。

　ですからどういう形にするかの違いであって、スキル的にはほぼ同じです。

　右図のように、「崖」として描いた絵を回転させれば荒野のような岩場の地面となります。

　さらに少し手を加えれば、「岩」になります。

「崖」と「岩」は同じ技術で描ける

同様に、このような平らなところを利用すれば、平たい岩を描くこともできます。

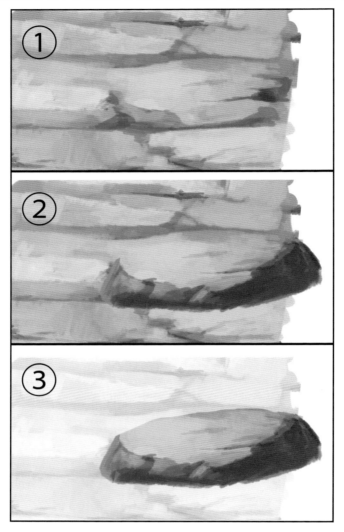

平らな部分を利用して、平たい岩を描く

＊

　実際にはこのようにわざわざ「崖」の岩肌から切り抜いて「岩」に描き直すことはなく、「岩」を描くのなら最初から「岩」として描くのですが、こうして一部を流用して描くことが可能なことから見ても、同じスキルによって対応できることが分かります。

4-2　　　　植物　木

木の描き方には2通りあります。

①枝や幹をしっかり描いてから葉を描いて、葉に覆われる枝などを消す方法と、②最初から葉ごと全体的に描いてしまう方法です。

■ 幹は「骨」、葉は「服」

人間に置き換えると、①骨とか裸体を先に描いてから服を描いて、服に隠れる身体のラインを消す方法と、②最初から服を着た状態で描き始める方法がありますが、ちょうどそれと似ています。

人間の場合でも、骨などを描くことで全体の形が正確に描きやすいように、樹木の場合も幹や枝を描いたほうが正確な形を把握するのには都合がいいのです。

しかし、最初から服を着た状態で人間を描けるように、最初から葉がある状態で木を描くこともできます。

人間を描く場合にも骨格や裸体などから描くことによって学べることがあるように、木の場合も葉に隠れてしまう幹や枝をしっかり描くことでいろいろと勉強になると思います。

＊

というわけで、まずは枝や幹の描き方から始めます。

■ 幹はどこに消える！？

枝分かれさせながら幹を描いていくのですが、幹の先はどうなるのかと悩んでしまう人もいるのではないでしょうか。

いきなりスパッと切れてなくなっているわけはないだろうし、かといって鉛筆のように途中から急に細くして円錐状にしてしまうのも変です。

太い幹の先端も結局は細い枝になっています。

しかし、太い幹からいきなり細い枝に切り替わるのではなく、なんども枝分かれしてだんだん細くなっていくことで、最終的に細い枝になるのです。

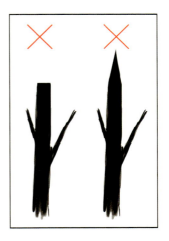

幹の先端の間違った例

幹は円錐状に細くなるのではなく、枝分かれするごとに分裂することで細くなっていきます。

そのため、太い幹を描いたのなら、木の先端に至るまでの間に、それだけの枝分かれをさせる必要があります。

幹を2分割3分割するような大きな枝分かれがあれば細くなりやすいですが、細い枝分かればかりであれば、それだけ幹から多くの枝分かれが必要になります。

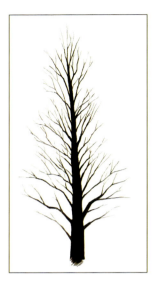

枝分かれをしながら細くなっていく

■　枝分かれ

「三股」で分かれる木もありますが、特に木の種類を決めず汎用的に描くのであれば、枝分かれに関しては基本的に「二股」でいいと思います。

二股で枝分かれする木は、途中で三股が混じったりせずに、すべて二股で枝分かれしていきます。

二股で枝分かれするからといって、必ずしも「1：1」の2分割にする必要はありません。「1：5」でも「1：100」でも、どんな比率であってもかまわないのです。

枝分かれはどんな比率でもかまわない

下図の左の木は「1：1」に近い分かれ方で、右の木は「1：100」に近い分かれ方をしています。

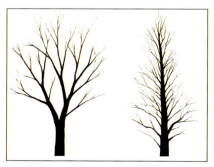

枝分かれの比率の違い

　このように、木によって、どういった割合で枝分かれするかという傾向はあるかもしれませんが、ひとつの木の枝別れの割合をすべて同じにする必要はありません。
　左の木の枝の中にも「1：1」ではない細い枝が分かれていたりします。

● 低いところから分かれる枝のある木
　最初の枝分かれの位置が低い木にしてみたりすると、印象が変わるので、木のバリエーションに変化を出せたりします。

木のバリエーションに変化

● 幹を最初から塗りつぶして作業する
　幹を塗りつぶして描いたほうが、幹の枝分かれによる細さが把握しやすいです。

塗りつぶして描いたほうが、枝分かれが把握しやすい

　そして、塗りの段階に入ったときに塗りつぶした線画をそのまま塗りのベースのレイヤーとして使えるので便利です。

● 奥の枝　手前の枝

　木の幹は円柱状になっているので、左右だけでなく奥や手前に向かっても伸びています。

　そのため、枝が幹の手前側から伸びているか奥側に伸びているかを意識する必要があります。もちろん実際に幹の真横に伸びている枝があってもかまいません。

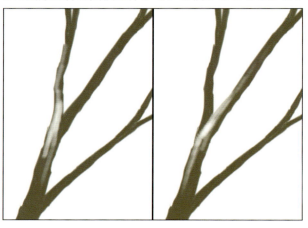

枝の前後関係を考える

　手前にくる枝のほうを明るくします。

　どちらを明るい枝にするかを変えるだけで同じシルエットからでもどちらの枝が手前に向かって生えているのか奥に向かって生えているのかを変えることができます。

手前の枝を明るく

　枝の角度と光源の方向にもよりますが、手前側にくる枝を明るくするといっても、枝や葉の影により影が出来たりします。

　このように矢印箇所の枝の影を意識して赤丸の部分を暗くしたりします。

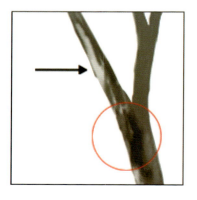

枝の影を意識

そうすると、このように実際手前の枝のほうが枝分かれする箇所が暗くなってしまったりもします。

枝分かれする箇所が暗くなってしまった

その場合は、奥の枝の付け根を暗くして、相対的に手前の枝を明るくすることで対応します。

枝の前後に関しては特に近景の木を描く場合に考慮します。

木の場合も遠くにある場合と近くにあるときで描きこみは変わってきますが、遠景の場合は枝などの陰影はシンプルになってくるので、あまり考えなくても大丈夫だと思います。

奥の枝の付け根を暗くする

近景の場合でも大きな枝などは意識しますが、細かな枝に関しては遠景と同様にこの点を意識しなくてもいいと思います。

下図で言うと、下方の太い枝は枝の前後を意識していますが、上方の細かい枝は意識せずに塗っています。

遠景の枝はそれほど細かな意識をしない

■　色の選び方

　木の幹の色は、「茶色」を使わないようにしましょう。

　もちろん、背景を描くことに慣れて意図的に「茶色」を使うということならかまわないですが、初めてこれから幹を描くにあたって、色を意識してもらうためにあえて「茶色」は使わないようにしましょう。

　子供のころから、木は「茶色」のイメージが強いですが、むしろこのようなあからさまな「茶色」よりも、「灰色」に近い色のほうが自然です。

　①は最初に塗ったときの色で、色調補正などしたこの画像の幹の色が②です。

　①に比べると②のほうが色身がついていますが、それでも子供時代からの定番の「茶色」とはまるで違う色を使っています。

■　「樹皮」を描く

　樹皮がデコボコしていて、完全な円柱でないことと、木の枝や葉によって光がさえぎられて影ができるため、木を描く場合は、完全に直線で陰を入れないほうがいいです。

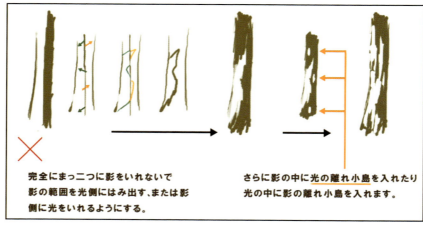

完全にまっ二つに影をいれないで
影の範囲を光側にはみ出す、または影
側に光をいれるようにする。

さらに影の中に光の離れ小島を入れたり
光の中に影の離れ小島を入れます。

　前ページの図では解説のためハッキリと明暗が分かれていますが、実際にはブラシの「不透明度」を「70%」程度に下げて、下図のように描いています。

細かな明暗

　下図のように、縦方向に線を引くように塗ると上図のような樹皮を描くことができます。
　木によって樹皮の感じは違うので、木の種類の指定がある場合は描き方は変わってくると思います。

縦方向に線を引く

● レベル補正

　遠景であれば、コントラストが低くてもかまわないのですが、近景や中景の木を描いているときでも、意識していないとコントラストが低くなってしまうこともあると思います。

　もちろんそれまでより暗い色や明るい色を選択して塗り重ねてコントラストを上げることもできますが「レベル補正」で対処することもできます。

　ある程度塗った段階で、一度「レベル補正」を試してみましょう。

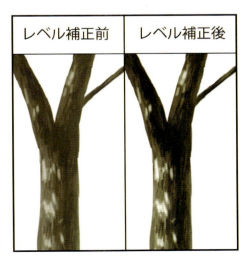

「レベル補正」でコントラストを上げる

■ 「葉」のシルエットを描く

　「ランダム感」(**p.120**) の解説では、木の葉の部分の線画を描いています。先にそちらも参考にしてください。

　幹を先にしっかり描いてある場合は、それがランダムに葉を描く手がかりになると思います。

葉のシルエット

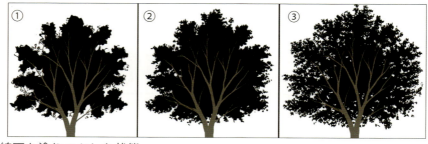

①　線画を塗りつぶした状態。
②　塗りつぶしただけだと、かなり雑な状態なので、整える。
③　さらに葉を追加して描いたりする。

　流れとしては、このように雑な状態から描き込んで整えていく形ですが、その描き込み方の詳細を解説していきます。

●シェイプ

　葉を描いていくとき、「ハード円ブラシ」で「シェイプ」にチェックが入れていない場合、筆の抜きができないので丸くなってしまい葉の形になりません。

　そのため、「消しゴム」で削ることで葉の形にする必要があります。

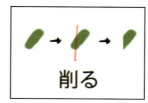

削る

「消しゴム」で削って葉の形にする

　しかし、これでは手間がかかるので、ブラシ・ウィンドウを開いて「シェイプ」にチェックを入れて、「コントロール」は「筆圧」を選択します。

ブラシを設定する

　そうすると、このように「抜き」ができるようになるので、一筆で葉の形を描くことができるようになるのです。

●「抜き」ができていない場合

　しかし、よくよく見てみると、うまく抜きができていないのが分かるでしょうか。線の終わりで急に細くなってしまっています。

　これは、ペンタブのプロパティから「ペン先の感触」を硬くすることで、ある程度は改善されます。

[1]「コントロールパネル」から「タブレットのプロパティ」を選択します。

「タブレットのプロパティ」を選択

[2]「タブレットのプロパティ」の「ペン先の感触」を硬い側に寄せます。

　どの程度硬くするかは筆圧などにもよると思うので、試し描きしながら調整しましょう。

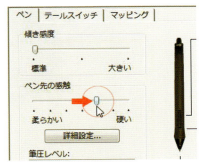

「ペン先の感触」を硬い側に

このようペン先を硬くする前に比べて自然な線の抜けが描けるようになります。

私の場合は、さらにカスタマイズして線のシャープさを出したブラシを使っています。

ブラシ・ファイル収録
自然ブラシ　葉線画　カスタム.tpl

私は、このブラシを使うときは、上記解説のようにタブレットのプロパティでペン先の感触を1段階硬くして使っています。

＊

このように抜きができるブラシを使って、小さくストロークするだけで葉のような形の線が出来ます。

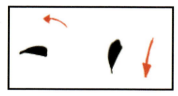

これを増やしていくことで、葉の塊になっていきます

ストロークを重ねて葉の塊に

線画を塗りつぶした段階から整えるというのは、このような葉の塊を描き足したりしています。

これを黙々と繰り返すことで、葉のシルエットが出来上がります。

葉のシルエットの完成

■ 葉の色塗り

シルエットのレイヤーに「クリッピング・マスク」して色がハミ出さないようにした
レイヤーに色を塗っていきます。

「クリッピング・マスク」する

色を塗る

葉のシルエットを描くときはシャープな硬い
ブラシが適していましたが、ここでは雲を描く
ときに使った「はねブラシ」のような馴染ませや
すいブラシを使います。

同じ動作をしていてもブラシが違うだけで仕
上げやすさが、かなり違うのでいろいろとカス
タマイズしてみるといいと思います。

「はねブラシ」など馴染ませやすいブラシを使う

さらに塗り続けて整えていきます。

整えていく

作業的には山の陰影を描くときと似ています。

すなわち、木がうまく描けるようになると、山も描けるようになってきます。

背景というと、いろいろなものを描けるようにならなくて大変そうだと思うかもしれません。

しかし、ある程度共通したスキルもあるので、ひとつひとつ着実に描けるものを増やしていけば、思っていた以上にいろいろなものが描けるようになっていたりします。

整える作業に集中していると、明るい葉の色で全体的に塗りすぎてしまって平面的になってしまったりするので、暗い色を上から塗って葉の奥行きが出るように修正します。

葉の奥行きが出るように修正

なぜ暗い色で塗ることで奥行きを調整できるかというと、奥にある葉を暗い色、手前の葉を明るい色と塗り分けているからです。

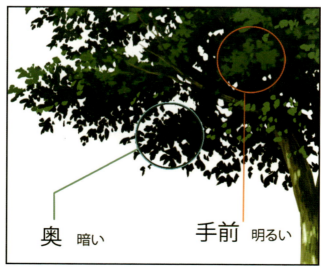

前後関係を考えて塗り分ける

■　木の下方は暗い色の奥の葉を見せる

　木の下方の最初の枝分かれした付近は枝の密度が低いのですが、少し上になると枝分かれした枝同士が重なったりしてくるため、枝の密度が高くなります。

枝の密度が低い

　枝が多いとそのぶんだけ葉が多くなります。
　葉の密度が高いと手前の葉で奥の葉が隠れてしまいますが、木の下のほうは密度が低いので奥の葉が見えやすくなります。
　そのため、下のほうは暗い色で広範囲を塗っています。

枝が多いと葉の密度も上がる

■ 幹と葉を合わせる

「幹」と「葉」のレイヤーを別にして描いていると、このように幹が葉に覆い隠されていない状態になっています。

「幹」が「葉」に隠れていない

「レイヤー・マスク」を使って幹を部分的に消して、葉の隙間から見える幹や枝だけを残します。

明るい手前の葉で枝が隠れるので、レイヤー・マスクで消すのは、主に明るい色の葉の位置にある枝になります。

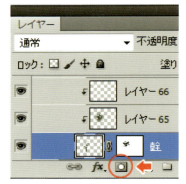

レイヤー・マスク

「レイヤー・マスク」で消しておけば、いつでも元の状態に復帰できます。
戻せるようにしておくと、葉のない状態の木が必要になった場合などに助かります。

「レイヤー・マスク」を使って幹を消す

新規レイヤーを作り、幹の手前に葉を追加します。

完成

■ 葉ごと全体的に描いてしまう方法

　最初に言っていた、もうひとつの描き方である、「枝を省略して最初から葉を描いてしまう方法」を解説します。

　基本的に今までの枝を描くほうの描き方を理解していることが前提となります。

*

　葉で隠れてしまう枝を省略しますが、葉に隠れない下のほうの枝や幹は描きます。

　そして、あとはランダム感の解説のように葉をランダムな線で描いていきます。

　枝をほとんど描かないので、ほぼ葉を描く時間だけで線画が終わります。

見えない枝は描かない

　幹を塗ったり葉を塗ったりするのは同じ作業になります。
　ひとつだけ違うのは、枝が描かれていないので、枝を後付けで描くことです。

葉だけの状態

　葉の上に枝を描きます。枝を途中で消したり、さらに枝の上から葉を描くなどすることで、葉の間から見える枝を表現できます。

葉の間から見える枝を表現

　枝を描くのは主に暗い色の葉の付近になります。
　明るい葉は手前にあるので、その葉によって枝が隠れますが、暗い葉は奥にある葉が見えているので、その間にある枝が見えます。

　そして、葉の隙間で奥が見えているところ（図の白い部分）を通過するように枝を描くと、シルエット的にも枝があることが表現できるので、枝を後付けする場合は、葉の隙間にも枝を描くようにしましょう。

■　木の根元を描く

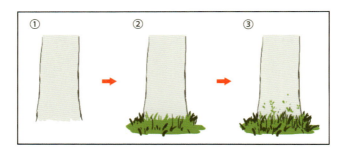

②　木の根元の上に**下図A**のような草を描きます。
葉のシルエットを描いたときと同じく、抜きができるブラシを使って描きます。
③　背の高い草などを**B**のように描き足します。
Aのような草だけでなく**B**のような点々とした草を入れることで草に変化を出せます。

＊

草のない地面の場合は普通にそのまま地面から生えているところが見えます。

この場合、木は円柱であることを意識して描く必要があります。

円柱であることを意識

円柱の底面は円なので、下図のように曲線的になります。

しかし、遠くになるほど直線に近くなるので、それなりに離れていればあまり曲線的な奥行きを描く必要がなくなってきます。

そういう遠景などの場合は、心の中で「これは円柱形」と意識するだけして、真っ直ぐ描いてもかまわないです。

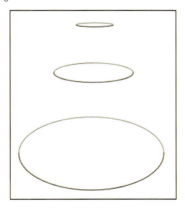

遠くにしたがって直線に近くなる

[Shift]押しや、長方形選択ツールで切り取ったりするような機械的に完全な直線にさえしなければ、問題ないと思います。

逆に近景の場合ですが、角度によってはすぐ近くにある木は根元は画面から見切れてしまって、映らないこともけっこうあったりします。

　しかし、俯瞰ぎみの場合などは近景でも根元が見えます。そうなると、この楕円形を意識して描くことになります。

　ただし、楕円形といっても近景となると地面の上に出ている根を省略せずに描く必要がでてきたりするので、楕円らしい楕円ではなかったりします。

根を描くためのアタリをイメージ

　このように、放射状に根が出ているので、実際のところ近景の接地ライン自体は楕円の曲線とはならなかったりします。
　しかし、この曲線が根を描くためのアタリをイメージするための手掛かりになります。

■ 木の影を地面に入れる

　このように、あまりしっかり描かれていない地面でも木の影を入れるだけで、かなり見栄えがするようになります。

木の影を入れた状態（下）

　この上の図の木の影はブラシで描いていますが、「ここまで木を描いてきただけで力尽きて、もうこれ以上描けません」という場合は、以下のような方法もあります。

① 木の葉のレイヤーを複製して、黒く塗りつぶします。

② それを「自由変形」で縦方向に潰します。「レイヤー・モード」を「乗算」にして、レイヤー「不透明度」を「60％」程度に下げます。

③ これだけだと、影にしてはハッキリとしすぎているので、フィルタの「ぼかし(ガウス)」をかけます。

完成

4-3　自然物のランダム感

「窓」など人工物は等間隔で規則的に並びますが、「雲」や「植物」など、自然物は不規則（ランダム）になります。

自然物が難しいと言われるのは、ランダムさがないと気持ちいい絵にならないからではないかと思います。

うまく描ける人は意識していなくても慣れによってランダムに描いていますが、これがどういったものなのかを解説していきます。

■「ランダム感」の出し方

ランダムの説明のために、絵とはちょっと関係のなさそうな株の話をしましょう。

株などの値動きを見るために「チャート」というものがあり、そのひとつに「移動平均線」というのもがあります。

移動平均線

これはランダムに動く株価を数日ぶんで割ることで、なだらかな動きにして方向性を掴みやすくするというものです。

この「移動平均線」というものは、ランダムさを減らしているのですから、ランダムさが必要な絵を描くときにはこの逆をやればいいのです。
平均化されてまっすぐになっている線に動きをつけるのです。

このようなまっすぐな線はランダム感はありません。

波打たせました。少し変化は出てきましたがまだ規則的です。

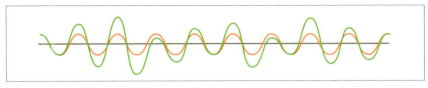

波の上下の幅を大きくしたり小さくしたりしました。

波の間隔が広いところと狭いところを作ります。

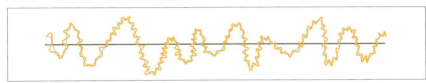

今度は波うった線を中心にさらに波うたせます。

＊

ランダムさが出てきました。

　実際に描くときにこのように直線から順番に描くわけではありませんが、これが分かっていると、描きやすいのではないでしょうか。

■ ランダムな線で雲を描く

ランダム感は主に自然物などを描くときに必要な感覚です。
まずは雲です。慣れてきたら丸からでなく最初からランダムに描いてみましょう。

[1] 最初に楕円を描きます。

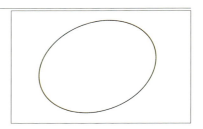

[2] このままだと雲ではないので、楕円を基準にしてランダムさを出します。

　楕円をあたりにしていますが、ランダムにすることが重要なので、波の山部分が楕円に触れないぐらい内側に線があっても問題ありません。

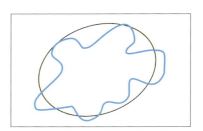

[3] さらに青い線を中心にランダムにしていきます。

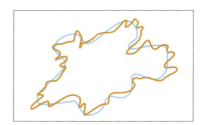

[4] さらに黄色い線の直線すぎるところをブレさせながらなぞっていきます。

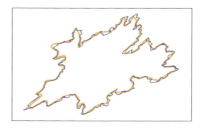

　雲の線画の完成です。

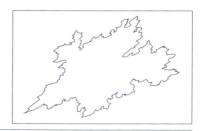

■ ランダムな線で「木」を描く

　さて、次は木の場合のランダム感です。

　基本的に雲と同じです。炎だろうが森だろうが自然物はランダム感次第です。

[1] まずは、棒に丸を描きます。

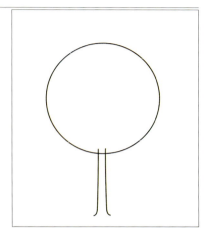

棒に丸を描く

[2] 雲のときと同様に、円をランダムにしていきます。

　描きたい木の形によって、この最初の円を「楕円」や「三角形」「扇形」などに適宜変更してください。

　最初の段階のランダムさが全体の形を決めるので重要です。

　波同士の間隔や大きさを円を気にせずにランダムにしていきましょう。

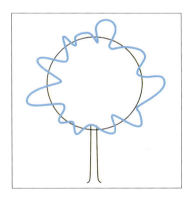

円をランダムにする

[3] さらに青い線を中心にランダムにしていきますが、ハミ出したりしても全然問題ありません。

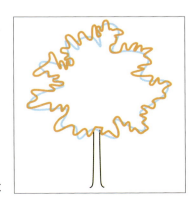

さらにランダムに

[4] 黄色い線を元になぞるようにランダムにします。

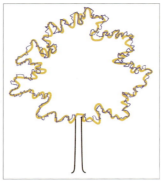

線をなぞる

[5] これで木の線画の完成です。

完成

■ ランダムにならない場合

　うまくランダムな形にならない場合、最初の青い線の段階でのランダムさが足りないのかもしれません。

　このように最初の円の形にとらわれてしまい、ランダムさが低い状態で描くと、その後の手順を実行してもランダムな形になりにくいです。

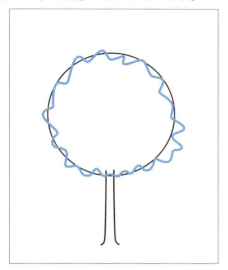

最初の段階でランダムさが低い状態

　このように細かくランダムにしていっても、円形の木になってしまいます。

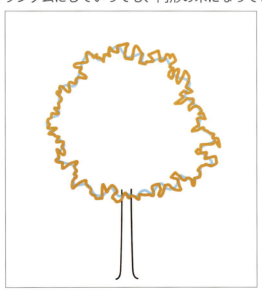

全体のランダムさが足りない状態

　その場合「選択範囲ツール」などで切り取って、外に出したり内側に寄せたりします。

　そうすると、切り離したところが線が開いてしまうので、そこはつなぐように線を付け足します。

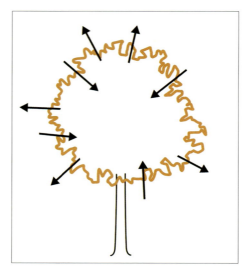

「選択範囲ツール」で動かす

それを整えることで、ランダムな形に修正できます。

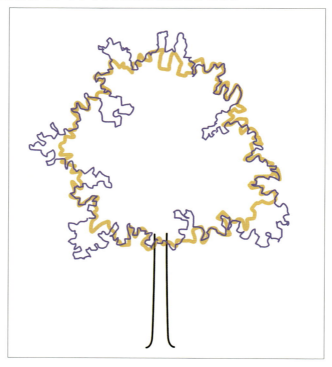

修正完了

　ランダムさが足りないと思うときにも、このようにして修正することが可能です。

　ランダムに描くことの解説のために、雲も木も円から変化させる形で解説しましたが、慣れてきたら最初の円の段階を飛ばして、最終形に近い形から描き始められるように挑戦してみましょう。

4-4　　　　　空　雲

次は、「空」の描き方について解説します。

空は時間や天気などによって変化しますが、まずは基本的な「青空」から始めてみましょう。

■「グラデーション・ツール」で雲のない青空を作る

「グラデーション・ツール」を選択し、「グラデーション・エディタ」を開きます。

「グラデーション・ツール」を選択　　　　　　　　グラデーション・エディタ

「グラデーション・ツール」で縦にグラデーションを作ります。

この時点で雲一つない青空背景の状態です。

空は上のほうが色が濃く、地平線のほうに近づくにつれて白くなってきます。

青空背景を作る

■ 雲を描く

　私の場合、(a)雲を描くときに線画で形をとってから塗るときと、(b)線画を描かずにいきなり塗り始める場合があります。

　アナログ画材の場合は修正が困難なため、先に線画でアタリを描くことが必須だと思いますが、デジタルの場合は修正が容易なので、いきなり塗り始めることもできます。

　線画を描く場合の利点は、あらかじめ形が決まっているため完成図が予想できるので、塗り始めてからの修正が少なくてすみます。
　また、仕事として描く場合には線画の段階で依頼者、美術監督、上司などチェックする人の確認を受けることもあり、線画が必要になることがあります。

　線画なしで描く場合の利点は、線画を作る時間が必要なくなることです。
　線画で描いていなかった雲を追加したいと思ったときなどには、線画なしで直接雲を塗ったりすることがあります。

■ 雲の線画作成

　まずは基本通り、線画を作る方法から解説します。

雲の線画

　雲単体を線画で描くことは、「ランダム感」で解説しているので空に複数の雲を描く場合について説明します。

[1] まず、画面の上側が自分に近く、アイレベルのある画面下方が遠くになります。

[2] そして、遠くになるにしたがって、視界に入る雲の密度が高くなります。

　タイルなどパースの分かりやすいもので考えると理解しやすいと思いますが、手前よりも奥のほうが多くのタイルが見えます。

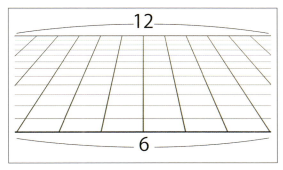

奥のものほど多く見える

　雲も同様に、アイレベル付近のほうが密度が高くなるということです。

[3] 遠くの雲は横から見たように描きます。近くのアオっている雲に比べて縦につぶれた横長の形で描きます。

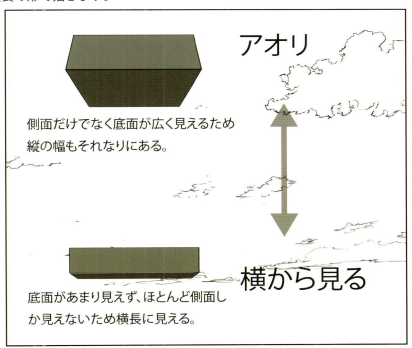

アオリ

側面だけでなく底面が広く見えるため
縦の幅もそれなりにある。

横から見る

底面があまり見えず、ほとんど側面し
か見えないため横長に見える。

アイレベルを意識

　さらに、遠くの雲は密度が高いため、他の雲と重なったりするのでさらに横長の雲のように描いたりします。

まとめると、以下の図のようになります。

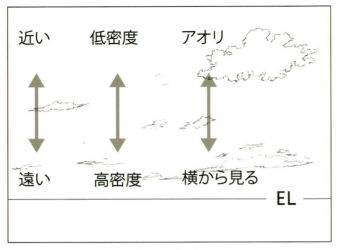

遠近で雲の形を変える

　画面内における雲の配置は、すべて等間隔で整列させずにランダムに配置したほうがいいと思います。
　遠くは高密度で近くは低密度なので、それを守っていれば自動的に雲と雲の間隔は均一にならずにすむと思います。

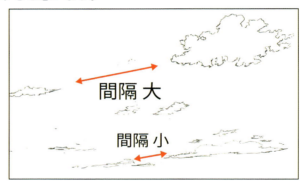

　位置に関しては「S字配置」などで奥に視線誘導できると文句なしですが、とりあえず、規則的すぎずにランダムになっていて違和感がなければ問題ないと思います。

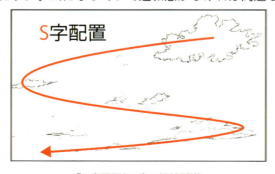

「S字配置」で奥に視線誘導

■「塗りつぶす方法」と「塗りつぶさない方法」

　線画を描く場合、線画の形に塗りつぶしてから馴染ませる方法と線画をおおまかなアタリとして塗っていく方法があります。

　前者は塗りつぶすので雲の白い色の濃さにもムラがなく雲のふちが硬くなるので馴染ませる必要があります。

　後者は筆の「不透明度」を下げて塗ることで、最初から濃さにムラが出来るので、それほど馴染ませることに手間がかかりません。

　ちなみに線画を描かない場合は塗りつぶすべき線画がないので、こちらの塗りつぶさない方法で塗ります。

　仕上がりが微妙に違うので絵柄や好みによって使いわけるといいと思います。

塗りつぶしたほう

塗りつぶしていないほう

　左が塗りつぶしたほうで、右が塗りつぶしていないほうです。

　塗りつぶさないほうはブラシの「不透明度」を下げて塗るので、真っ白ではなく、半透明で下の空の色と混ざった部分を作りやすいです。

　範囲選択をして塗りつぶすということ自体がデジタル的な作業なので、よりアナログ的な絵柄にしたい場合は、塗りつぶさない方法が適しているかもしれません。

　塗りつぶす方法として必須の、「指先ツール」で馴染ませるというやり方は塗りつぶさない方法でも補助的に使うので、まずは先に塗りつぶす方法から解説します。

■ 塗りつぶす方法

　線で描いた雲を塗りつぶします。

　白い色を選択して、普通に塗りつぶしてしまってかまいませんが、「Photoshop CS3」（Photoshop Elements6.0）以降であれば、「クイック選択ツール」を使うと、線画に多少隙間があっても雲の部分を選択できるので便利です。

　グラデーションで作った「空」レイヤーとは別に、新規レイヤーを作って塗りつぶします。

　「空」レイヤーと「雲」レイヤーを別にしておくことで、後で雲の位置などを変えるなどの修正がしやすくなります。

レイヤーを分ける

　塗りつぶした状態の雲は、ふちが硬くて空に馴染んでいません。

　「指先ツール」を使って馴染ませます。

　アニメ背景的な雲にするため、「指先ツール」のブラシ先を変更して、筆らしさを出しています。

ふちが硬い

画像にあるようなチョークなどザラザラした感じの指先にします。

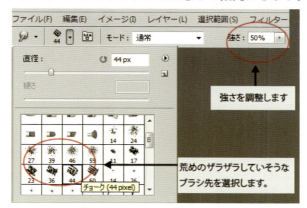

ザラザラした感じの指先にする

強さが「100%」だと完全に引っ張ってしまうので、「50%」や「80%」程度にします。実際に強さを調節しながら、好みの強さを探ってみましょう。

こうして設定した「指先ツール」で矢印の方向にストロークすると、図のように雲に変化が出ます。

このように雲のふちを「指先ツール」で内側や外側から細かくストロークしていくと馴染んでいきます。

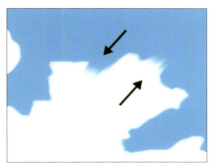

細かいストロークで馴染ませる

雲のふちが自然に

これを雲全体に繰り返していくと、左のように硬かった雲が右のようになります。

■ 塗りつぶさない方法

　　線で描いた雲をアタリとしながら「ブラシ・ツール」で塗っていきます。
デフォルトの「ハード円ブラシ」で塗ると塗りつぶした方法と同じになるので、ブラシ
をカスタマイズして塗っていきます。

　　ブラシ先などもカスタマイズすると、さらに塗り具合が向上するのですが、今回は
最初から入っているブラシ先を使っていきます。

[1] 最初から入っているブラシの「はね」を選択します。

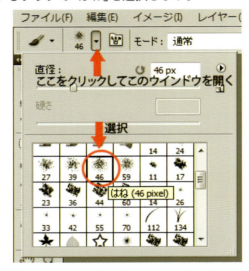

ブラシの「はね」を選択

[2] ブラシの「不透明度」を「80%」にします。

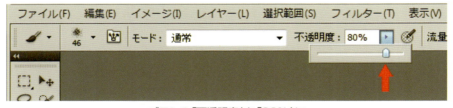

ブラシの「不透明度」を「80%」に

[3] 「はねブラシ」にすることで、「ハード円」の硬さがなくなります。

ブラシの硬さ

　画像のいちばん右は、「はねブラシ(80%)」で1度塗った後に上半分だけ2度塗りしたものです。このように、「不透明度」を下げることで濃淡ができます。
　この重ね塗りの濃淡を利用することで、塗り段階でかなり空に馴染んだ雲になります。

[4] このブラシを使って、線画の形に塗っていきます。
　ハミ出したりした箇所は、同じ設定にした「消しゴムツール」を使って消します。

　そうすると、この図のように輪郭が硬くない雲になります。

「消しゴムツール」を使う

[5] 引いて画面全体を見れば濃淡もあって空に馴染んで見えるので、このままでもいいのですが、少し整えたいと思います。

　整え方は塗りつぶさない方法のとき同様に「チョーク」などザラザラした筆先の「指先ツール」を使っていきます。

「指先ツール」で整える

「指先ツール」で整えると、このようになります。

■ 線画なしで雲を描く方法

　ここまで線画を先に作っている場合の説明をしてきましたが、ここからは線画なしで直接雲を描く方法を解説します。

　線画で描き忘れた雲を追加するときなどに参考にしてください。

　線画がない状態で描く場合には、塗りながらランダム感を出さなくてはなりません。そのためのポイントを紹介します。

● 短いストロークで塗る

　頭の中にかなり明確なイメージが固まっている場合や、資料などがある場合は、一筆書きのように形をとることができるかもしれませんが、そうでない場合は困難です。

このように、長いストロークで
描くとよりも

このように、短く点を打つように
描くことで、間ができたり偶然置いた
ところから、いい形のイメージがわくことがあります。

　左のように長いストロークで描くよりも、右のように細かく点描のようにチョンチョンと描いて形をとると、良い形になると思います。

　ランダムさを出すためには凸凹が必要ですが、直線の長いストロークで描くと凹になる箇所を塗りつぶしてしまいます。

＊

　また、この描き方でうまくいくのは、**飛びとびになった点をきっかけにして脳内にストックされている良い雲の形を呼び起こしているのではないかと思います。**

　いろいろな作品や資料、実際の雲を見ているので、誰もが普段から良い形というのは脳内にはあるのだと思います。

　そのため、自分自身が描ける描けないは別にしても、絵を見たときに良い悪いが判断できるのではないしょうか。

　しかし、自分の脳に良いイメージがあるとしても、それを自分で描こうとして、**白い紙の上に引き出すには、何かきっかけや刺激が必要**なのだと思います。

　そのきっかけとして飛び飛びに短いストロークで描いていくというのが、この線画なしで雲を描く方法です。

これによって雲の形が出来た後は、線画ありの塗りつぶさない方法と同じようにして塗っていきます。

■ 雲の追加

線画では省略していた「小さな雲」や「薄い雲」を描き足していきたいと思います。

大まかな雲が描けた状態

● 大きな雲の近くに千切れた「小さな雲」を描く

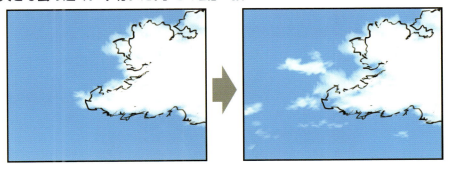

小さな雲を追加

　右のように線画に描いていなかったところにも、小さな雲を追加していきます。この雲も、今まで同様に「指先ツール」で馴染ませておきます。

●「薄い雲」を描く

大きな雲の周りに薄い雲を入れています。

上が薄雲なしの状態で下が薄雲を描いた状態です。

　これが入るだけで、今までグラデーションだけで、間がもたなかった空間に空の雰囲気がでます。

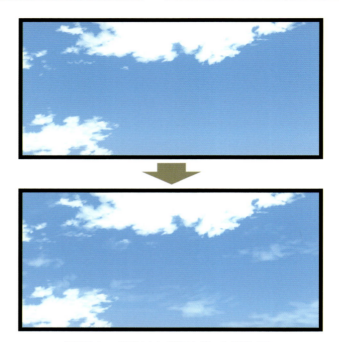

薄雲なしの状態（上）、薄雲を描いた状態（下）

　この薄い雲の描き方は、基本的には今までの雲と同じですが、薄くするためにブラシの「不透明度」を「10%」や「20%」にして塗ります。

ブラシの「不透明度」を変更

　または、薄雲だけ別に新規レイヤーを作って、そのレイヤー自体の「不透明度」を「10%〜20%」程度にする方法もあります。

薄雲の「不透明度」を変える

　小さな雲や薄い雲を追加した状態です。

　線画のときになかった大きな雲を画面上方に追加したり、2つの小さな雲を1つにまとめてしまったりなど、この段階で全体のバランスを見て雲の調整をしました。これで雲のベースが完成です。

雲のベースが完成

■　雲の陰影

　次に、雲の陰を塗っていきますが、「雲」レイヤーで「クリッピング・マスク」を作っておくと、ハミ出さずに塗れるので、便利です。

まずは「クリッピング・マスク」を作る

> ※「クリッピング・マスク」については、詳細は**p.28**の「クリッピング・マスク」の項目を参照

　クリッピング・マスクを作ったら、陰を塗っていきます。クリッピング・マスクをしてあるので、ベースからハミ出ることを気にせずに塗れます。

　塗りかたは、ベースの雲の「塗りつぶさない方法」と同じです。ブラシ・ツールと消しゴム・ツールそして、「指先ツール」を使って整えて塗っていきます。

＊

　自分の近くにある雲はアオリ気味に見えるので底面が見えるため陰影が多くなります。

　逆に遠くにある雲は底面が少ししか見えないため陰影は下のほうに少しある程度になります。

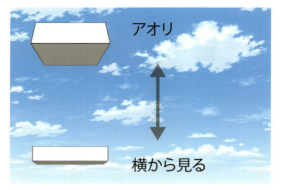

遠近で影の量が変わる

　雲のベースがしっかり描かれていれば、雲の陰はサラっと塗る程度でもいいと思います。

　雲の陰色はアイレベル付近の空の色にすると、遠景の雲が陰色によって自然と空に溶け込みます。

＊

　しかし、このように雲の陰色を濃いめにした場合遠くの雲が目立ってしまう場合があります。

遠景の雲が目立つ

　その場合は、①クリッピング・マスクしたレイヤーにアイレベル付近の空色のグラデーションをかけるか、②雲のベースレイヤーのアイレベル付近を「レイヤー・マスク」で半透明にする方法で、馴染ませることができます。

● 遠景の雲を馴染ませる方法①

　下図のように、「雲」レイヤーに「クリッピング・マスク」した新規レイヤーにアイレベル付近の空色のグラデーションをかけることで、空の色に馴染ませる方法です。

遠景用のグラデーションを作る

● 遠景の雲を馴染ませる方法②

　「レイヤー・マスク」で「雲」レイヤー自体のアイレベル付近を半透明にすることで、空の色に馴染ませる方法です。

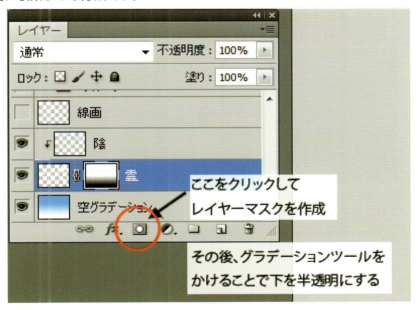

「雲」レイヤー自体のアイレベル付近を半透明に

　どちらの方法も、やっていることはほとんど同じで、遠景の空の色に雲の色を近くすることで、目立ってしまっていることを解消しています。

　雲の陰色を薄い色にしていれば、遠景の雲が目立ちすぎることも少ないと思うので、その場合は、この遠景を馴染ませる手順は省略して、問題ありません。

遠景が馴染んだ状態

＊

　ここまでで青空は完成しましたが、さらに効果を入れることでさらに一味違った空になります。

　ここからは、その解説をしていきます。

■ 光の効果

　太陽のある方向を明るくする光の効果を入れます。
　今回は、画面の左側上方に太陽があると想定し、左上に光の効果を入れます。

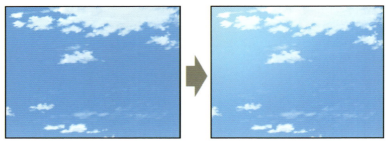

光の効果を入れる

[1]「ソフト円ブラシ」を選択して、直径をかなり大きくします。

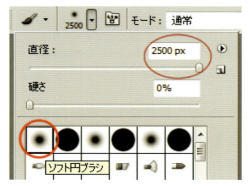

「ソフト円ブラシ」を選択

[2] ブラシの色を白くし、ブラシの端を使って１回クリックするだけで光の効果になります。

　光が白くなりすぎる場合は、レイヤーの「不透明度」を「50%」など適当な数値に調節します。

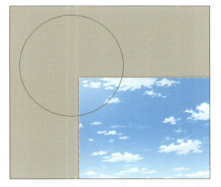

画面端を「ソフト円ブラシ」でクリック

「不透明度」を調節

　これで光の効果としては充分ですが、「レイヤー・モード」を変えたりすることでまた変わった効果を楽しめます。

　たとえば、レイヤー・ウィンドウで「レイヤー・モード」を「通常」から「オーバーレイ」に変えます。
　そうすると、白い光だったのが、色の変化のある光に変わり、「明度」の諧調だけでなく、「色相」の諧調にも変化を出すことができます。

　ただし、「オーバーレイ」は色味が強すぎてしまうことがあるので、通常よりもさらに「不透明度」を下げたりするか、「オーバーレイ」の光レイヤーの上に「通常」や「スクリーン」など、普通に白い光のレイヤーをのせると、落ち着いた光の色になると思います。

■ レベル補正

　なぜ「レベル補正」をするかというと、意識せずにいると色味も明度も変化のないメリハリのない、ボンヤリした絵を描いてしまいがちだからです。

　他人の描いた絵を見ると気がつきやすくても、意外と自分で描いている最中は気がつきにくいので、チェックの意味でも「レベル補正」をしてみるといいでしょう。

＊

　レイヤーが分かれた状態のまま調整をしたいので、「調整レイヤー」で「レベル補正」
を行ないます。

　「調整レイヤー」を使うことで、後から「レベル補正」の度合いをやり直しやすいとい
うのも利点です。

---

[1] 下図で赤丸をつけたところをクリックし、「レベル補正」を選択します。

　そうすると「色調補正」ウィンドウが開きます。

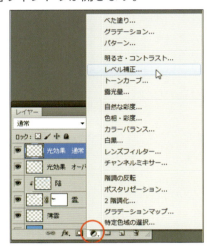

「レベル補正」を選択

[2] 白と黒のスライダを移動させて調整します。
　黒い線がない部分をなくすように、スライダを寄せます。

スライダを動かして調整

この図の場合は、右端まで黒い部分があるので、白いスライダは右端の位置のまま動かさなくていいでしょう。

左端は黒い線の部分がないので図のあたりまで寄せます。

さらに内側に寄せたり、白いスライダも寄せることは可能ですが、あまりやりすぎると色が飛んでしまうので、絵を見ながら適度なところで抑えましょう。

[3] 再調整したい場合は、矢印のところをダブル・クリックすると「レベル補正」のウィンドウが開きます。

再調整

[4] これで、青空の完成です。

完成

4-5　　　　　　　　山

次は、「山」を描いてみます。形や遠近に注意してみてください。

■ 山の形①

　日本人は、このような形を見ると固定観念で富士山だと思ってしまいやすいので、あえて富士山と似た形の山を描くつもりでない場合は、左右対称のシンメトリーな形にならないように崩しましょう。

左右非対称にする

■ 山の形②

　大きさの遠近法などを学んだ知識を使って、小さな山を描いて遠くの山を表現してみたら、ギザギザで不自然になってしまいました。
　これはなぜでしょうか。

不自然な形

　まず、全部同じような形で山と山の間隔もほぼ等間隔でランダムさがありませんが、今回の場合、それだけではなく、山の形にも問題があります。

　何も見ないで描くと、固定観念で描いてしまいます。たとえば、山は三角形をしたものと考えてしまいます。

　山は富士山のような「お椀型」の山だけでなく、「山脈」のように連なった山もあります。

　遠くの山を描くために大きさの遠近法を使うのはよかったのですが、山の形の捉え方に問題がありました。

　実際のところ、こういった間違いは資料や実際の風景など観察することで減ります。しかし、そもそも資料を見たとしても、人間は脳の思い込みによる情報の取捨選択をしてしまっているので、言われてみれば当たり前なことを、意外なほど見落としています。

自然な形に修正した山

■　近景と遠景の山の違い

●画面内の大きさの違い

　近景では地平線(アイレベル)からかなり上まで山があり、画面の大部分を山が占めています。

　さらに近景の絵になると画面内に山全体が入らなくなりますので、山のふもとだけ描かれるようになります。

　遠景は画面内に占める範囲は少ないです。

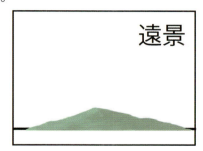

近景と遠景の違い

●　山の斜面の角度

　近景は傾斜がきつく、遠景はなだらかです。

　上図ほど極端ではなくても、山は頂上付近がもっとも傾斜があり、だんだんなだらかになっていきます。そのため、近景の場合は急勾配に描くことがあっても遠景で急角度で描くことはほとんどないでしょう。

　木も生えていないような高地の山だったり、画面内の半分以上を山が映っていたりする近景だったりすると45度とかの傾斜もありますが、遠景の場合には傾斜を緩やかにしたほうがいいでしょう。

高地の山のイメージ

　このように描き込みの密度だけでなく形も違うので、近景の山を単純に縮小しても遠景になるわけではないので気をつけなければいけません。

● **色の違い（空気遠近法）**
　「空気遠近法」によって、「近景」と「遠景」で色に違いが出ます。

　「近景」は空気の影響を受けないので、元の木の色のままの色になります。
　「遠景」では山までの間に空気がたくさんあるため、空気の色の影響を受けます。
　「空気遠近法」の項目で解説したとおり、晴れた青空の時はその青色と水蒸気などの白の影響を受けるので、青白くなっていきます。

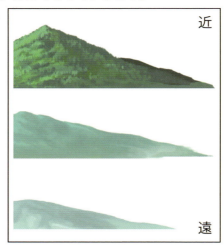

夕方などで夕焼け色の空の場合はその色の影響を受けるので、青白ではなく、赤と白の影響を受けることになります。

● コントラスト

「空気遠近法」によって遠くなるほど空気の色の影響を受け、晴天の青空の場合は全体的に青白くなっていきます。近景では暗い部分と明るい部分で差があったものも、遠くになると両方とも同じように青白くなってしまってコントラストが弱くなります。

近景の山と遠景の山のいちばん明るい色と暗い色を並べました。

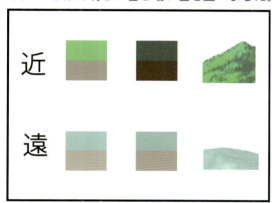

下半分は彩度を落として明度の違いだけを比べやすくしました。

近景では、はっきりと明暗が分かりますが、遠景のほうはほとんど差がありません。

● 描き込み具合の違い

近景は木が分かるように描き込みますが、遠景では省略します。

遠景の物は描き込みすぎると逆効果になって、遠景のように見えなくなるので、意図的に省略します。

左の遠景の図は山陰が描かれていますが、さらに遠景になるとシルエットのみで充分なこともあります。

遠景　　　近景

また、輪郭だけで考えても近景と遠景では違いがあります。

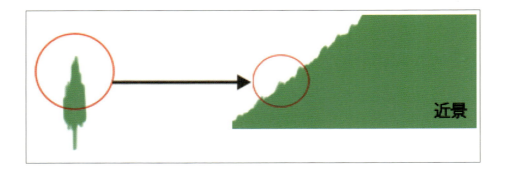

近景では木が分かるように描き込むので、輪郭に関しても木の上部を山の輪郭として描きます。

遠景ではその程度の小さな形は省略してしまいます。

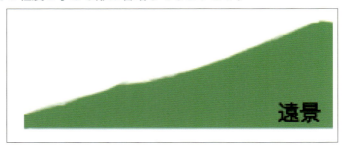

近景と遠景の輪郭の違い

● 山の遠近のまとめ

■ 稜線の描き方

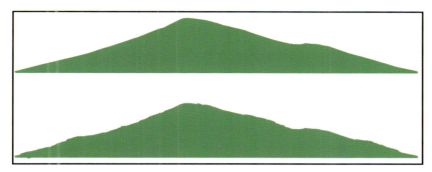

稜線に一工夫

　一見しただけだと違いが分かりにくいと思います。上は稜線がかなり直線ですが、下は少し手を加えて少しデコボコにしています。

　地味ですが、このような作業が自然な感じを出すと思います。

■ 明度による分離

　「空気遠近法」によっても明度の変化はありますが、それほど遠近の差がないため、あまり色相も明度も大きな違いにならない場合もあると思います。

　その場合、手前と奥を分かりやすくするために、奥の山の手前との境付近を明るくすることで同化してしまっている山を分離します。

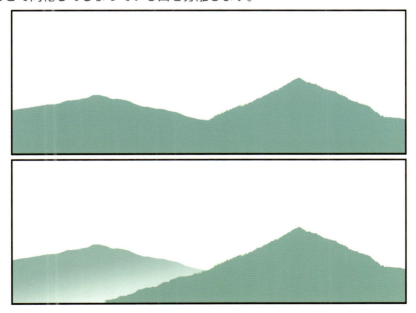

手前と奥の山を分離

　ボケ足の大きな「ソフト円ブラシ」などで塗ったり、「グラデーション・ツール」を使ったりします。

　「クリッピング・マスク」をしておくと、後ろの山からハミ出さずに塗れます。

「クリッピング・マスク」をしておく

■ 山と平地の境

　山の描き方の解説を読んで実際に絵を描き始めたものの、山だけだと一枚の絵として完成しないので、平地を描いたりすると思うのですが、その際に注意したいことがあります。

　絵を描きなれている人には当たり前かもしれませんが、この本を手に取って初めて背景を描く場合には、以下のことを気をつけてください。

　最初から「Photoshop」などのデジタル・ツールで絵を描きはじめた人は特に気をつけたいのは「レイヤー」の存在です。

　「レイヤー」という便利なものがあるので、つい「山は山レイヤー、平地は平地のレイヤー」としてしまいます。

　そうやってレイヤー分けをすること自体は問題ないのですが、レイヤーを分けることによって別のものとして扱ってしまうと、よくないことになってきます。

＊

　山と山の麓の平地は同じ程度の「空気遠近法」の影響を受けるので、明度や彩度などが極端に違うと、違和感のある絵になってしまいます。

・山と平地の色が違う
・麓が直線で切り取られている

切り取ってのせました感が強く、違和感がある

「空気遠近」だけでなく、山の右側は山の陰で暗くなっているのに平地には影響がなく、山と平地で色が全然違っていると山が浮いてしまいます。

　本書の場合、解説のため切り取っているので、麓が直線になっている画像を使っていることも多いですが、実際に絵の中で描く場合なら山は手前側にも広がっているので、このような直線にはなりません。
　とはいえ、遠景になるほどに直線に近くなりますから普通にペンタブレットで真っ直ぐ線を引くぐらいならかまいませんが、「ブラシ・ツール」のShift押しのように定規を使ったような直線にはしないほうがいいと思います。

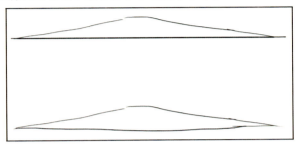

手前は直線にならない

＊

　空気遠近で遠くのものが白っぽくなるとはいえ、平地だけを極端に影響を与えてしまわずに、山の色に合わせて馴染むようにします。

　山と平地の合わせ方について解説してきましたが、実はそもそも、遠くの山の場合は手前に近景の山があり、さらに近景の山の手前には建物や木などがあり、ふもとの部分自体をあまり描く機会は意外と少ないのではないかと思います。

　しかし、この本を読んで初めて背景を描くという方の場合は、手前の建物などはまだ描けないけど、まずは山だけでも練習して描いてみたいと思うのではないかと思います。
　そういったときには、この点に気をつけてください。

　このように手前の山や木によって山と平地の境は隠れることが多いのです。

本来なら手前の草だけのところにもいろいろと描かれるので、麓はさらに隠れてしまいます。

山と平地の境は木によって隠れる

■ 山の描き込み　①「遠景」

まず、ブラシの「不透明度」を「80％」程度に下げて、重ね塗れるようにします。

「不透明度」を下げる

山の暗いところを塗っていきます。

✕ 直線的に塗りすぎると、取っかかりがなくて次にどう塗るかが決めていきにくい

適当にはみ出しながら描いておくことで描き込んでいくためのヒントになる

最初から山のイメージが固まっていない場合には、こんな具合になんとなく描いたところから広げていくということもできます。

[1] 前の工程で出来たとっかかりを、描き伸ばしたりして整えていきます。

アオリ

[2]陰色を描きすぎた場合は、明るい色で塗って修正したりします。

[3]日の当たるところを増やしていきます。

[4]右のほうにも点々と明部を描いていきます。これは必ずしも必要ではないので、そのあたりにも光が当たっているというときに入れてみてください。

■ 山の描き込み ②「中景」「近景」

「中景」や「近景」も全体的な陰影をつけるところまでは遠景の描き込みと同様です。
遠景よりもさらに細部を描き込んでいくので、山全体ではなく部分的な塗り方の説明になってきます。

[1]山の一部を描いた線です。
木らしきものをモジョモジョっと描いた状態です。

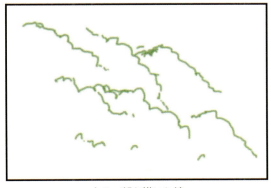

山の一部を描いた線

　一部分だけに絞ると、かなりシンプルな形です。
これなら誰にでも描けると思います。

シンプルな形

[2] このように、線だったものを太くしたり、少し離れた点を作ります。

線に手を加える

[3] 単色の緑レイヤーを、先ほど作ったものの下に作ります。

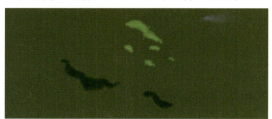

緑のレイヤーを下に

[4] 上のを参考に、離れていた2つを合わせた感じに描きます。
　わりといいかげんな感じなので、だいたいの人が描けるのでは ないかと思いますが、
どうでしょうか。

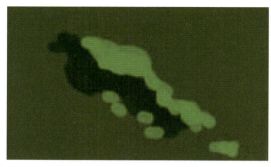

2つを合わせるように描く

[5] ザックリと塗っていた状態を整えていきます。

　整える前の絵と見比べていただければ分かると 思いますが、(a)明るい部分の右上側に少し暗い 色で塗り重ねて形を整えるということと、(b) 下側の離れた明るい部分を三日月状の月が欠けたような形で塗りつぶしただけです。

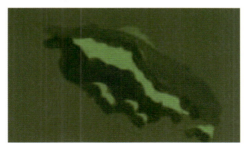

塗りを整える

[6] さらに暗いところを作ったりします。

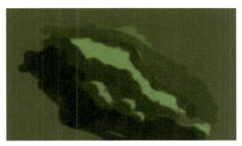

暗いところを作る

[7] 暗い部分にも明るい点（木）を入れたりします。

明るい点を入れる

[8] これで山の一部の完成です。

　これを山全体に塗っていけば、中景や近景になります。

山全体に施した状態

■ 自然物まとめ

今までのテクニックを組み合わせて1枚にしたものです。

索　引

［著者略歴］

出雲寺ぜんすけ（いずもじ・ぜんすけ）

1980年生まれ　神奈川県出身。

法政大学卒業後、遊技機開発の美術監督として背景美術制作に携わる。
その後ゲーム開発の背景美術制作に従事する。
背景美術の描き方を解説したWebサイト「CG背景講座　BLANK COIN」を運営している。

[URL] http://blankcoin.com/

[著書]
デジタルイラストの「背景」描き方事典（SBクリエイティブ）

質問に関して

本書の内容に関するご質問は、
① 返信用の切手を同封した手紙
② 往復はがき
③ FAX(03)5269-6031
　（ご自宅のFAX番号を明記してください）
④ E-mail　editors@kohgakusha.co.jp

のいずれかで、工学社編集部あてにお願いします。
なお、電話によるお問い合わせはご遠慮ください。

サポートページは下記にあります。

［工学社サイト］
http://www.kohgakusha.co.jp/

I/O BOOKS「パース」「空気遠近法」「透視図法」から「室内」「自然物」まで具体的テクニック満載！

背景CGテクニックガイド［新装版］

平成29年2月10日　初版発行　© 2017

著　者　出雲寺ぜんすけ
編　集　I/O編集部
発行人　星　正明
発行所　株式会社 **工学社**
〒160-0004 東京都新宿区四谷 4-28-20 2F
電話　　（03)5269-2041（代）［営業］
　　　　（03)5269-6041（代）［編集］
振替口座　00150-6-22510

※定価はカバーに表示してあります。

［印刷］シナノ印刷（株）

ISBN978-4-7775-1991-0